让知识成为每个人的力量

详谈 饶晓志

李翔/著

新 星 出 版 社 NEW STAR PRESS

回到采访

在离开记者这个行业将近 5 年之后，我决定重新开始做采访，并且发表出来。之所以这么做，是出于下面两个理由。

第一个理由，是它本身所具有的知识积累的价值。

我非常喜欢西方历史学之父希罗多德在巨著《历史》的开头写的第一句话：

> 以下所展示的，乃是哈利卡纳苏斯人希罗多德调查研究的成果。其所以要发表这些研究成果，是为了保存人类过去的所作所为，使之不至于随时光流逝而被人淡忘，为了使希腊人和异族人的那些值得赞叹的丰功伟绩不致失去其应有的荣光，特别是为了把他们相互争斗的原因记载下来。

这句话揭示了采访的价值所在。采访、记录和研究的目的是对抗遗忘，让后来的人可以真正做到站在前人的肩膀上前行，而不至于陷入不断重蹈覆辙或者不断重新发明轮子的怪圈中。

采访、记录和研究的对象，既包括"那些值得赞叹的丰功伟绩"——我们之中那些优秀的创造者们，不断在用自己的聪明才智创造出一些让我们所有人都变得更好的产品、服务和组织；也包括失败和争斗——即使是我们之中那些最优秀的人，也难免会犯下错误，这些错误其实都是在为作为一个整体的我们试错，都值得被记录。

这件事情在今天尤其值得做，因为今天做这种采访、记录和研究的人正在减少。这里面当然有很多原因，包括传统的严肃媒体的衰落；包括因为社交网络的发达，受访者的只言片语越来越容易被拿出来放大，这让他们越来越小心谨慎；包括各种碎片化或娱乐化的内容已经挤占了人们越来越多的时间，以及内容生产者们越来越倾向于认为，受众就是喜欢碎片化和娱乐化的内容。

但是所有这些原因都没有改变希罗多德指出的采访、记录和研究的价值——它是我们的知识积累的一部分。

尤其是那些一手的采访，可以让其他行动者受到启发，获得激励，或者哪怕仅仅知道自己并不孤独；也可以成为其他人研究或者评论的基础——至少可以通过一手的采访知道当事者究竟是如何想的，哪怕你认为他想的并没有道理。

第二个理由，是我还挺高兴做这件事情的。

每个人眼中世界上最好的工作都不一样。对于我而言，最好的工作就是可以见到那些我喜欢的创造者们，听他们分享自己的成就、经验、方法和挫败。为了避免显得自吹自擂，这个理由就说到这儿吧。

拿到这套小册子，你会看到什么？

首先，当然是第一手的长篇访谈。我会努力找到我能找到的、我欣赏和尊重的、最优秀的商业实践者和价值创造者，向他提问，请他分享他的实践经验、做事情的方法，包括经历过的挫败和收获。

我自己觉得它们一定会对你有所启发。而且，我还抱有一种雄心，就是希望它们在十年甚至几十年后，仍然能够激发读到的人。

其次，如果你愿意跟随这趟旅行，我相信你能看到一幅逐渐在你眼前展开的画卷。它不是静止的、一次性的，而是动态的、在发展的。因为在我的设想中，我希望能够跟访谈的对象保持一个长期的、以十年甚至数十年为单位的沟通，把他们的想法和实践动态地、周期性地呈现出来。你看到的会是一部正在发展的、以人为单位的价值创造史。里面会有成就和经验，也会有矛盾和变化——毕竟世界本身就是不断变化的，它要求实践者做好准备随时推翻自己。

最后，因为这件事情要持续做下去还挺难的，所以我想用意大利著名记者法拉奇的一句话做一下自我鼓励：

我说我每进行一次采访都花了心血，这并不言过其实。我要花费很大的劲才能说服自己：去吧，没有必要成为希罗多德，你至少能带回一块对拼组镶嵌图案有用的小石头，和对人们思考问题有用的情况。要是错了，也没有关系。

　　最后的最后，希望这些文字真的对你思考问题有用，并让你得到激发，去进行自己的创造。

李翔

2020 年 10 月 20 日

饶晓志是谁

饶晓志是一名电影导演和戏剧导演，以及，用他喜欢的话说，一名从贵州遵义走到北京的小镇青年。

作为电影导演，他已经有三部作品上映，分别是 2016 年的《你好，疯子》、2018 年的《无名之辈》，以及 2021 年年初春节档的《人潮汹涌》。

这三部电影上映之后命运各异。

《你好，疯子》仅有 1500 万左右的票房，豆瓣评分 6.8 分。票房代表着这部电影的商业成绩，豆瓣评分则代表着它某种意义上的口碑。这是他的第一部电影，像是一串不那么响的炮仗。

然后，《无名之辈》成了 2018 年中国电影最大的黑马之一。这部电影本来并不被看好，因此院线排片很少。但是最终，在观众口碑的推动下，它收获了接近 8 个亿的票房，豆瓣评分也达到 8.1 分。对一个新导演而言，这是一个梦寐以求的胜利，可能都超过了他自己的预期。

在这之后，第三部电影《人潮汹涌》被投资方和他自己寄予厚望，应该并不出人意料。这部电影的演员包括刘德华，以及 2020 年因为一档综艺节目人气暴涨的女演员万茜。电影的排期也在一向受人关注的春节档。不过，一开始这部电影的排片率在春节档几部电影中却是倒数第一，直到后来才慢慢爬升。《人潮汹涌》最终票房 7.6 亿多，豆瓣评分 7.1 分[①]。没有太多惊喜，但也不至于太令人失望。他似乎已经进入一个电影导演的稳定状态，从中能看出他自己的节奏、风格和叙事方式。

在开始拍电影之前，饶晓志更为人所知的身份是一名戏剧导演。他接受的也是戏剧导演的训练。

他毕业于中央戏剧学院导演专业，喜欢如萨缪尔·贝克特[②]和路易吉·皮兰德娄[③]这样的剧作家——他把贝克特的头像作为文身文到了自己的手臂上，他公开演出的第一部话剧则是根据皮兰德娄的名作《六个寻找剧作家的剧中人》改编的。

他曾经作为演员和副导演为先锋派话剧导演孟京辉工作过一段时间。在那之后，他和当时爆红的艺人李亚鹏合作成立了春天戏剧工作室。然后，他推出了一系列自己的戏剧作品，包括《你好，打劫》《咸蛋》《蠢蛋》，以及后来改编成电影的

---

① 与前文《你好，疯子》《无名之辈》的数据均为作者写作时数据。

② Samuel Beckett, 1906—1989, 又译塞缪尔·贝克特, 爱尔兰作家, 诺贝尔文学奖获得者, 荒诞派戏剧代表人物, 代表作《等待戈多》。

③ Luigi Pirandello, 1867—1936, 又译路伊吉·皮兰德娄, 意大利作家, 诺贝尔文学奖获得者, 以一系列荒诞剧而闻名, 代表作《已故的帕斯卡尔》。

《你好，疯子》。凭借自己的戏剧作品，他获得了有中国话剧最高奖项之称的金狮奖的最佳导演奖。而且，他的一些戏直到今天还在被排练和上演。

只看这些文字，你可能会认为他在演艺圈的经历合乎逻辑且顺理成章：毕业于最为专业的戏剧和电影学校之一，然后借用他电影中的台词，从话剧到电影，"一步一个脚印，做大做强"。但是这种对经历的简单抽象，会让人看不到过程中具体的困境。而这些具体的困境，被他掩藏在"小镇青年"这个标签下面。

1980 年，饶晓志出生在贵州省遵义市桐梓县的一个小镇，父母分别是中学老师和小学老师。后来他的父亲成为一名公务员，他们家也从小镇搬迁到了桐梓县城。从一个西南小镇跋涉到看似光鲜的演艺名利场，过程当然不会太顺利。即使在今天互联网已经如此发达，提供给普通人更多被人看到的渠道和机会的情况下，想要挤进电影这道窄门也很困难，更何况在当时。

因此，其中必然伴随着不断的受挫、窘迫和失落，有看似无望的坚持、积累和准备，也有某种梦想成真时的不可思议。他曾经在接受采访时说，刘德华拍《人潮汹涌》的第一场戏时，他作为导演突然有些恍惚：刘德华怎么一下子就从小城录像厅的屏幕上，跳到了眼前的监视器里？

我一直想要选择一些非 CEO 的人物进入《详谈》的名单。原因非常简单，世界并不是单纯由 CEO 和创业者构成的。在商业领域之外，同样存在着大量的价值创造者。他们通过自己的努力，创造出了饱含价值的作品、产品、服务、体验、场景、模式，等等。

　　罗素有句俏皮话："迄今为止，世界仍然不偏不倚地悬在希望与恐惧之间。"我相信，正是很多价值创造者，在不断把世界向希望那一边拉扯，往天平上希望那一侧增加砝码。

　　与商业上的实践者和价值创造者一样，其他领域的创造者们，无论是讲述了一个好故事，设计出一栋好建筑，还是创造出了其他好的场景和体验，他们的作品和他们创造出作品的方法，都同样迷人。他们创造价值的过程、尝试，以及随之产生的知识，当然也非常值得被记录下来。这是更大的知识积累的一部分。

　　而且，谁能想到乔布斯的精神资源有很大一部分来自鲍勃·迪伦的音乐？谁又能想到贝佐斯会从石黑一雄的小说《长日将尽》中找到创业的勇气？

　　你可能会好奇，为什么我选择饶晓志作为《详谈》的第一个非商业人物。在中国，有的是比他名气更大、作品更多、票房成绩更好、世俗意义上更成功的电影导演。

　　我的理由非常简单，这也是《详谈》选择人物时还不那么成熟的标准。

首先是我自己要喜欢或者欣赏他本人和他做的事情。我喜欢饶晓志的电影。我喜欢他想要讲一个好故事的决心和姿态。我喜欢他的作品里表现出的对人的同理心，对人在现实世界中遭遇的困境的温柔——哪怕这种困境是因为自身的弱点所致。

其次，我喜欢新鲜的面孔，我希望能够找到一些在这个十年受到训练，崭露头角，而在下个十年仍然会非常活跃的人，而不是去找十年前就已被媒体和公众熟知的人物——能够上杂志封面的人物。就电影而言，我们今天其实已经看到一批新鲜的力量正在崛起。饶晓志无疑是其中之一。

我希望能够找到他们与前辈们的不同之处。而且，我相信，因为他们与我们的经历和成长环境更为相似，我们也更有可能从他们身上找到共情。

阅读这本小册子，你会看到什么呢？我觉得至少有下面两点：

第一，你会看到一个 1980 年出生的新一代导演，是如何理解戏剧和电影这两种表达形式的。他怎么去找到自己的声音，怎么去表达。

以及，尤其重要的是，你能看到他的学习曲线。毕竟，没有人生下来就会拍电影。更何况饶晓志是从戏剧导演起步，然后才开始拍电影。这中间有一个自我教育和自我训练的过程。

第二，我觉得饶晓志身上有一种普通又典型的特质。他和绝大多数人一样，出生于一个小城，却抱有一种想要创造些什么不同的心态。是这种心态，以及坚持，让他从贵州到北京，一直留在这个行业。用他的话说，他正是一个典型的小镇青年，随着经历的丰富，眼界被不断打开，想要做的事情的高度和他能够达到的高度，也在不断抬升。

这也是我了解到的今天很多做事情的人的共同经历。它不是一条精心规划的路径，而是一个不断学习、不断自我训练、不断对自己提出更高的要求，并且不断抓住抛给自己的新机会的过程，是一个调整、试错和渐进的过程。

当然，我相信你会从中看到更多。

早年：小镇子弟

那个世界闪闪发亮，有着完全不同于他生活的西南小城的精彩。

20世纪的最后十年，流行文化伴随着经济上的改革开放，一起席卷了整个国家。这让即便身处西南省份贵州一个小城的饶晓志，也能感受到偶像明星那种蛊惑人心的魅力。

　　无论是荧幕上周润发和刘德华的形象，还是卡带中小虎队和四大天王的歌声，都在展示着另一个更大的世界的存在。那个世界闪闪发亮，有着完全不同于他生活的西南小城的精彩。

　　这让他开始幻想自己可以成为一名演员，一个成功的演员、光芒四射的明星。对于一个普通教师家庭的孩子而言，这样的人生规划，如果仅仅停留在幻想层面，倒还可以让人接受，但是如果真的变成一个男孩执意要执行的计划，那就让人有些担心了。

　　毕竟，这条道路与通常情况下父母为子女规划的路径相去甚远。

　　在周星驰的电影中，读个好学校，然后成为律师或者医生，走上一条稳妥的中产阶层通道，是香港父母对子女的期待，而不是成为喜剧演员或者武师；而在几乎所有的中国小城，好好学习，考一所好大学，然后找一份工作，比如教师或公务员，是在父母看来最为稳妥的路径，而不是成为荧幕上虽然光鲜亮丽却遥不可及的偶像。

虽然终点清晰，但是这条道路充满了难以通行的窄门，足以让人望而却步。在高中时，他和一群同样爱做梦的同学，一起给演员同时也是老师的黄磊写信，询问如何才能考上北京电影学院。但是最终，那些男孩女孩都选择了更为理性的另一条路。

"他们听从了父母的安排。"在重庆一家酒店里，饶晓志吃着羊肉粉回忆道。

对于闪光世界的向往，让饶晓志执意要去学习表演。多年后回头看，对一个小城少年而言，如果高考后没能去读艺术类院校，就根本不可能靠近并出现于那个闪闪发亮的世界。除了成为这个造梦产业的受众，他不会再跟它有任何交集。

不过，在长大之后，忆起自己生活的小城，他开始怀念自己经历过的那些时刻和感受，怀念那一张张鲜活的面孔。于是，他开始把自己遇到的人和事、记忆和感受，编织到自己的戏剧和电影中。他拍摄第二部电影的初衷，就是"乡愁"。

娄山关、夜郎古国和李白

李翔：你是贵阳人吗？

饶晓志：我应该算桐梓人或者遵义人。我是遵义下面一个县的，叫桐梓县。

李翔：老区。

饶晓志：我们当地人称为《忆秦娥·娄山关》脚下的一片热土①。我是在那个县里面，但是我的成长环境一直在变。我小时候在乡镇里，但我又不是农民，因为我爸妈是老师，所以我住在学校里，在镇中学里，后来他们又搬去县城。

李翔：是换了学校当老师？

饶晓志：我爸爸当公务员了，他们进县城就都没当老师了。当时我爸是中学老师，我妈是小学老师。

---

① 《忆秦娥·娄山关》是毛泽东在1935年红军娄山关战役之后写的一首词。名句"雄关漫道真如铁，而今迈步从头越"即出于其中。娄山关是贵州北部进入四川的重要关隘，距离当时的遵义城60公里左右，位于今桐梓县境内。

李翔： 教什么？

饶晓志： 我妈应该主要教语文，我爸好像什么都教，那时候师资力量（的原因），（一个老师）好像就是得（教）好几门，特别是镇上的中学。后来我爸就去读党校了，变成公务员，就调到了县城，我跟着去了县城，后来又去了遵义市。但那会儿我都上大学了。其实我对遵义这个城市没有什么印象，我从小学到高中都是在县城度过的，所以县城的朋友很多。

李翔： 那个县城跟贾樟柯拍的山西县城区别大吗？

饶晓志： 风貌上可能有点区别，就像重庆的一些老区，只是它没有重庆那么高高低低。那边也有很多山，但它是依着一片平地建的，所以不算多么有坡坎儿的一个地方。那个县在很早之前也很破，后来有一任县委书记修得很好，当时就成了贵州不可多得的一种明星县城之类的（地方）。

我们那个地儿还有一段历史，夜郎古国，"夜郎自大"那个"夜郎"就是在我们那儿——当然了，包括湖南，好多地方都在抢这个"夜郎"。但是我很小就知道，我们那儿确实有一个镇叫夜郎。以及我们那儿有很多跟李白相关的地名：太白镇、太白桥，连我住的小区都叫太白院。后来我就特别奇怪，因为李白从来没去过，他是发配到一半又被召回去了，但他发配的目的地是夜郎。（可见）我们那个县城对文化的渴望，是多么想要跟这些文化的东西沾亲带故。

李翔：你们县城除了你还有文化人吗，出来的？

饶晓志：每个县城都有很多文化人。

李翔：我的意思是被大家看到的那种。

饶晓志：在我之前有一个编剧，名字叫李宽定，那个年代当编剧是不得了的。他的电影是 1980 年代上映的，很轰动①。

---

① 李宽定的电影作品包括《良家妇女》和《山雀儿》。

电影院和录像厅

李翔： 在你的成长环境和成长过程里，你对自己后来做的这些事情有概念吗，戏剧导演和电影导演？

饶晓志： 我当时没有概念，但是对电影有概念，小时候都看电影。

我父母年轻的时候，据他们说，会把我装在背篓里——我们那边是背篼、背篓——带到一个露天电影院，把我放在旁边，他们就在那儿看（电影）。因为背篓是一个束缚，孩子在里头不会倒，给你装在那儿，也可以睡。所以很小就在看电影。

李翔： 背篓里看电影这种应该不在你记忆里面吧？

饶晓志： 但是我的记忆也跟电影很有关系。比如我能想起来几件跟电影有关系的事，现在想起来挺有画面感的。我爷爷住的那个镇上有一个电影院，就在我爷爷家旁边，很近，每到过年放假回到那边的时候，我就想去看电影。我记得我在那儿至少看过一个《英雄本色》，不是小马哥的《英雄本色》，是梁家辉的《英雄本色》,《水浒传》里面的一个故事。

还有一些具体作品我现在想不起来了,但是我记得那个行为。都是那种宽板凳,坐在那里看,放映机一会儿又烧了,这些事都碰到过。有时候没钱去看,电影院有一堵墙,都是(一块块)木板,我就拿眼睛凑在(缝)那儿看,好多小朋友都在那儿这么看,看那个荧幕。有一天我在那儿看,一个棍子就从里头戳出来,如果它尖一点,我就瞎了。(笑)

你是哪年的人?

李翔: 1982 年。

饶晓志: 我们还算差不多。还有一个细节,我爸那时候带着我去区里或者县城的电影院,有很多年轻人,都很躁动,都穿着喇叭裤这种,在电影开映之前也很热闹,有一段时间全场都是这个声音——用手指有节奏地去弹前排椅背,那种“哒哒哒、哒哒哒”,就跟催场似的。这个我印象也很深刻。跟电影有关系的,我童年就这些,其他的就没有了,并不知道什么是戏剧,只知道唱戏,也没有受到过那样的教育。

李翔: 你有经历密集地看电影那个阶段吗?比如说中学生录像厅那样的。

饶晓志: 有啊,长大了到高中什么都有。初中就出现录像厅了。我第一次被打还是在录像厅,那是我第一次去。

李翔：第一次去录像厅就被打了吗？

饶晓志：不是因为（去录像厅）这个事，是因为本来就在跟别人打架，被人出卖了，说我们几个人在这个录像厅里面，就被别人包围了。但我们都是小孩儿——现在想起来，我那时候更小，我 11 岁就上初一了，比我们班的人都小两岁，那时候小个儿。我们正在看着（电影），突然有个人走进来，冲到我的同伴旁边，"啪"给他一个耳光，"等着你"，就下楼了。大家就慌了，说怎么办，下面好多人，要被打什么的。

我也不知道我当时哪来的勇气，就说我先下去。出去了他们就冲上来，有人就踹我屁股两脚。我从来没被打过，小时候没被这么打过，就（被）打哭了。

李翔：这种场景就有点模仿香港电影那种，是吧？

饶晓志：对，那时候看的肯定也是这些，初中就有了，从录像厅到镭射厅，再到后来开始自己租碟看。我喜欢看。我确实比我们班的人更喜欢看这些。看了就会模仿，我喜欢模仿他们。

《英雄本色》和周润发

李翔：有给你留下特别冲击的印象的电影吗？第一部你觉得冲击非常大的。

饶晓志：现在回想，让我印象深刻的还是港（产）片，就是《英雄本色》那些。

李翔：就是周润发和吴宇森的《英雄本色》?

饶晓志：对，我老觉得它好像是一个启蒙电影似的，但实际上肯定并不是最早的，但至少你记得住这个名字。当然我也记得住《高山下的花环》，但如果（说）更让我印象深刻的，应该是它。同时那时候还有流行歌曲，还有小虎队。

李翔：对，台湾的流行组合。《英雄本色》那时候非常受欢迎，你自己觉得它对你的那种冲击，或者你对它的感觉，跟正常的男生对它的感觉会有差别吗？

饶晓志：可能没有太大差别，反正就是帅。

李翔：对，周润发很帅。

饶晓志：其实也看不太懂兄弟情，那会儿那么小，当时就觉得他很帅。

但肯定还有别的一些片子，包括电视剧也有印象。因为我们家算农村里面条件好的，是有电视机的。有一年我外公生病，我们回到外婆家去陪着，我还转学到了那个村，那个差距真的有点像省城转回县城，至少是这种差距。

那个村里（其他人家）没电视，当时在放《武则天》，外婆家的整个坝子都是（来看电视的）人，我就坐在正中间，VIP待遇。

包括我前年跟华哥（刘德华）拍戏，我还记得华哥的《魔域桃源》，这是他演的很早很早的电视剧。

李翔：我都没看过。

饶晓志：对，你应该听都没听过。那时候只是一个刺激，给你一些别的世界，因为像我们在的那个地方，你见到的世界就那个样子，但是电影可以给你另外一个新的、不一样的世界。

李翔：像你再大一点，父母会反对你看电影吗？因为很多场景是在录像厅里面，闹哄哄的，差生才去的那种。

饶晓志：我父母不知道我去看。他们对我管教过于严厉了，反而变成我家里是没有这些东西的，没有VCD，没有DVD，也没有游戏机，很后期我都上艺校了才有。他们越这样，越把我弄得什么都要去外头看，但是只能通过欺骗的方式，通过说去朋友家写作业，逃课去干这些事。当然大部分时候还是规矩一点，更多的还是发生在周末。所以他们也并不知道我天天泡在里面。

读到高中的时候，朋友家就有了，我们都会去他家看。高中的时候不光看电影，也看演唱会，Michael（美国歌手迈克尔·杰克逊）的演唱会都看过，反正那时候都有了。我爸对我这方面特别（严厉）。所以现在我办公室一个游戏机，家里还有一个，游戏机自由。

他们不知道我有这方面的天分。但小时候他们曾经把我往文艺队送过，因为我妈妈是小学老师，老师们也挺喜欢我的。那时候我还画着小红脸，上台表演节目。我爸还给我写词儿，我现在都记得，改编的《信天游》，他给改了个词儿，搞得很幽默。（我也）经常参加小学的文艺汇演，但是自从进了县城之后，基本就没参加过了。

李翔： 竞争激烈了吗？

饶晓志： 其实环境变化对人还是有一点（影响）的，因为你会很难融入。我是四五年级才转到县城的小学，好多同学我都不认识。

在镇上的时候我爸妈都是老师，我属于受宠的，到了县城，跟文艺这件事情基本就没有什么关系了。喜欢唱（歌），自己心里喜欢，没人发现，已经不像小时候的状态了，没有那么放得开。我初中就自卑了，因为个子矮，喜欢的姑娘又都比自己大，人家也觉得你是个小孩儿。

我现在都记得我们班一个同学。当年他们三个人自己组了一个类似小虎队的组合，中间有一个成员说饶晓志唱歌挺好听的。他（就）那么说了一句，对我很有刺激，居然有人知道我唱歌还可以。因为其实我知道自己唱歌可以，但是我又没有当众唱过（，他怎么会知道）。

那时候可能也有点讲故事方面的天分。当时流行电视剧《封神榜》，我就自己写了一个"封神榜"，把我们班上这些同学都写成这个神、那个神，写了点他们的故事。

李翔：你会给其他人看吗？

饶晓志：会给我最亲近的朋友看。我们有一个"小个儿"联盟，大家都很小，我会给（其中的）一两个人看。后来有一次应该是我爸偷看到了，但他夸了我之后，好像也就没什么了，毕竟那些东西有时候也是在课堂上写的。

我爸一直觉得我身上的文艺细胞跟他有点关系。

李翔：是真的吗，还是老人家自己觉得？

饶晓志：他年轻的时候，也是一个能唱唱歌、拉拉二胡、拉拉手风琴什么的人。

李翔：你做导演之后，他也会归因吧？他会去想为什么。

饶晓志：我会忘记实际上我爸也有很文艺的时候，他就这么跳出来提醒过我一次，所以我觉得应该也有点道理。我们家确实（跟这个行业）没有任何关系。姓饶的人很少，包括我们的亲戚，甚至邻居，没一个跟这个行业有关系的，我们家最多的就是老师。

李翔：你是什么时候开始意识到有这个行业存在的？或者有导演这个角色存在的？

饶晓志：小时候（学校里）来了个文工团，文工团（的人）会整合我们（文艺队）的节目。现在我都记得那个人的样子，就像一个导演一样，其实他应该是编导或者团长，那时候（我们）不知道，（都把他）叫指导老师。他有点这种感觉。你要说真正意识到导演很重要，可能得是有了媒体之后，看那种八卦周刊的时候。

李翔：包括《大众电影》?

饶晓志：《大众电影》是有的，我家里订过。我爸他们对我比较好的地方，是给我订的课外书还可以，至少陪伴我长大的是《儿童文学》和《少年文艺》这两本书。真正意识到导演是个职业，我觉得有可能就是《大众电影》（的影响），高中时就应该有点认知了，或者看书看来的，或者电视上放的，因为那时候娱乐化也在抬头。我记得上初三的时候，晚饭后晚自习之前，（我）都要在那儿盯着（电视）看一会儿 MV，放完了我才去（学校），那时候有一堆港台歌星大面积地出现在（电视）上面。

我肯定是在初中之前就知道导演这个概念。我们那儿也会拍戏，拍革命题材，因为我们那儿是娄山关，长征四渡赤水都在我们那个城市，动不动就要拍一个革命题材的东西。好多高年级的会去参加，但是到我的时候就没有了。所以这还是我当时的一个（念想），我以为到了那个年纪就会去拍戏，我一直都想拍戏。

李翔：是做群众演员吗？

饶晓志：对，就是群演，冲上来，冲下去那种。那时候会看到一些高年级同学，穿着红军或者匪军的衣服出没在校园里。

李翔：那时候特别打动你的演员是谁？周润发吗？

饶晓志：周润发，你说第一个吗？第一个应该就是他，还能有谁呢？

李翔：后面还有什么人吗？延续在青春期里的。

饶晓志：后面我觉得没有什么特别不一样的。四大天王轮着来，该有谁有谁。

金庸、古龙、岑凯伦

李翔：这些对你小时候对职业的认知，就是说我想干什么，会有影响吗？

饶晓志：我想的是当演员。当演员或者当歌手，再不济当个足球运动员，这是我的几个理想。当然可能也想当解放军，（但）那是更小时候的事了。真正渴望做什么职业的时候，（想的）应该是台前的这些。

李翔：明星。

饶晓志：对，因为看到的是这些。没有那么深邃地想到自己不够帅之类的。（笑）

李翔：这种自我认知要到之后才会有吗？（笑）

饶晓志：对，我在高中之后才觉得自己不帅，真的，我以前觉得自己倍儿帅。（笑）

李翔：怎么做出这个重大发现的呢？（笑）

饶晓志：就是去了更大的地方。有一天雷志龙①写了一

---

① 编剧，曾跟饶晓志合作过《你好，疯子》和《无名之辈》。

篇文章说小镇青年——我真的是那种（小镇青年），眼界是随着（经历）拓宽的，（而）不是天性跟身边人有什么不同。

我唯一可能跟身边人不同的一点，就是我看的故事多，闲书多，还不仅是四大名著那些书，不过只是在我那个环境，还不能环比城里的孩子，或者环比省城甚至北京这些孩子。

李翔：什么闲书？是那些杂志吗？

饶晓志：杂志上的故事，当然包括小说什么的也有看，不然我就不会有兴趣写。我的作文一直很好，到高中几乎都是范文，不能说每周念一次，但一个学期要念几次，（老师）选我来念我自己的作文，那是一种荣耀。

李翔：你还记得那时候看了什么闲书吗？

饶晓志：《西游记》那些我也是看过的。但要说闲书，可能看得最多的就是我刚刚说的那两个杂志，《儿童文学》跟《少年文艺》。其实它对我那个年纪来说是超前的，因为上面还有初恋的故事。我那时候好小，就看那些……高中我看的闲书，就是武侠小说。

李翔：古龙、金庸吗？

饶晓志：古龙、金庸的全部，还有《寻秦记》，全都是高中看的。也看言情小说，琼瑶不太喜欢，那时候爱看霸道总裁的故事，岑凯伦写的。

想当演员

李翔：我记得我们高中前后韩寒就特别红了。

饶晓志：应该是你（高中的时候），我应该是到艺校去了。他是哪年的？

李翔：他应该是 1982 年的，90 年代末红的。

饶晓志：嗯。90 年代末。但是到 1995 年的时候，我们几个同班同学就给北京电影学院写过信，因为不知道怎么考这个学校。

李翔：那时候你高中是吧？你开始认为自己能够进入这个行业是什么时候？高一时就已经想进入了？

饶晓志：对，那时候高一，应该算想进入，想当个演员，当个歌手，反正是光鲜的明星，其实应该是个明星梦。

我们班有几个人一起。有个姑娘很喜欢余秋雨，就是要考上戏（上海戏剧学院），因为那时候余秋雨是上戏的院长。

李翔：对，余秋雨当时也超红。

饶晓志：我也有这么个意向，但是我想做电影。后来大家一聊都觉得还是电影好，所以我们两三个人就一起（写信）。

黄磊那时候很出名了,（我们）也知道黄磊是老师——我到现在还没见过黄磊呢,就给黄磊写了一封信,信上恳切地写下了我们几个来自什么地方,渴望什么,有想学表演的,有想学剧本的。那个姑娘应该当年就已经知道自己不能做演员了,她不像我,误会自己很帅,她没有误会自己很漂亮,应该是想做编剧。反正写了这么一封给黄磊,黄磊回了一个招生简章给我们。

李翔：真回了？那很不错啊。

饶晓志：但不是他回的,应该是他收到信,让其他老师回一个招生简章。看到招生简章（我）就绝望了,表演系的视力要求多少多少,我那时候是近视,当年觉得这种条框是完全不能改的,所以就觉得电影学院我是考不了了。

李翔：明星梦什么时候破灭的？到现在还没破灭吗？（笑）

饶晓志：演员我是一定会做的。

李翔：在你的成长过程里,作为观众,你有比较偏爱的电影类型吗？

饶晓志：那肯定还是港产片。我们真的小地方,对好莱坞没有认知,也不像姜文那一代人看的是苏联或者保加利亚的电影,所以其实（就）是（受）港产片影响。包括后面周星驰横空出世,刘德华这些人,确实当年就是那么陪伴着我们长大的，那种哥们儿习气都是从香港电影来的。

李翔：你开始对好莱坞电影有概念是什么时候？

饶晓志：《泰坦尼克号》，那个电影一下子席卷了（全国），然后各种明信片、各种卡片都有，也会有更大城市的孩子回遵义，在贵阳带一堆照片什么的卖给我们。对好莱坞电影应该就是那个时候才有了认识。

（不过）要说以前没看过外国电影，那也不是。

李翔：《第一滴血》之类的是吧？

饶晓志：对，那些都有了，我爸他们会聊到《第一滴血》，可能我那时候对那个没有什么兴趣。

李翔：问这些是因为我看到过一句话，伍迪·艾伦说的，他讲，他想拍的一直是他成长过程中看过的那一类电影。这句话对你适用吗？

饶晓志：可能不是那一类电影，（而）是那一类故事。

李翔：什么故事？

饶晓志：或者（说是）我认识的那类人、那些人。我觉得不能说是那类电影，因为在我的成长过程当中，其实我并不是个阅片量很大的人，甚至从事这个行业之后，我的阅片量都没有多大，我不是做拉片日记的那种勤奋型选手。我更喜欢的是我的直觉，（而不是）别人的直觉，当然我会受到启发，但实际上从讲故事的角度来讲，我还是喜欢自己的那点感受。

可能 Woody Allen（伍迪·艾伦）确实看了很多很多的电影，他从小到大一直在看，我也在看，但我看的不一定是电影，可能是那一刻的心情，比如那段时间我被排挤了，或者看到谁被排挤了——我觉得我共情能力挺强的。

小时候我就时常去想这个人的感受是什么，甚至他被我打了一顿，我都会想象他的感受是什么——当然我也在被打和打之间。我的整个高中生活跟初中完全不一样。我初中的时候个儿矮，到了初三，本来上学就早，我就留了一级，留了一级之后就长高了。之后因为港产片的一些原因，开始讲义气。到我真正能拍电影或者能做话剧，能用作品讲故事，我觉得（传递的）都是一些经历过的时刻的感受，可能是放大的，可能是演绎的，但是初衷来自那些经历。我觉得这应该算是某种程度上的适用。

李翔：你从小就对故事挺敏感的吗？

饶晓志：应该算吧，或者（是）对人物挺敏感的。至少第一，我可以写故事；第二，我会演，比如说我看了一个什么片子，就会演给我们班的人、我身边的那些人看。

李翔：转述？

饶晓志：一是转述，二是帮他们回忆，也是一种表演欲。他们觉得我演得特别好，所以老鼓励我去考表演系。

李翔：比如转述过什么，你印象深的？

饶晓志：就是港产片，《天若有情》里流鼻血什么的。还有古惑仔，古惑仔是转述得最多的，那时候太流行了。

初中到高中这六年，港台明星换了一茬又一茬，小学到初一是小虎队，初二开始有林志颖，然后郭富城突然出来了，初三四大天王就建立了他们的秩序，到高一他们还一统天下，高二就开始出古惑仔了。

李翔：这个挺有意思的，从中学生的角度来回忆港台明星，是香港版的《好莱坞往事》[1]。你自己想去考表演系，家里人的态度是什么？

饶晓志：这个是不支持的，用我爸爸的话是，长得都不够端正，居然想去考表演系。我刚刚那个话可能有点吹牛了，说我大学才觉得自己不帅，其实我高中就没觉得自己长得多好看，但是觉得自己整个气质很帅。

李翔：有特色。

饶晓志：对，我觉得这怎么就不能是当演员的条件呢？觉得自己可以。后来就去考了。我已经被电影学院那个招生简章给吓着了，（但）不知道还有别的什么学校，正好有一个朋友是省艺校的——当时艺专有中专跟大专，他是中专音乐系的——

---

① 美国导演昆汀执导的电影，回顾了好莱坞的黄金年代。

回来跟我说，艺专有表演系，那帮人天天在那儿演戏，你有戏剧性。说得我很想去做这个事情，所以后来就去考了艺专。

李翔：你高中成绩应该不好，是吗？

饶晓志：很不好，除了语文，但勉强考个大学还是考得上的，没有到完全考不上学校的程度。只是那会儿我还是有点执着的，就是想上艺术类、表演类的学校。

李翔：在接受专业教育之前，你对表演的理解是什么？

饶晓志：就是演员，没有什么理解，没有上升到通过演他能体验不同的人生（这种高度），没有。包括我刚刚说我有共情，这也都是现在总结的，当时没有，只是想做演员，单纯的一个执念，就觉得我能模仿。本来表演就是从模仿开始的。我在我们班上朗读高中课本里面《雷雨》的剧本，觉得我读得简直太好了，跟他们比，简直不是一个等级的，无论是普通话还是（表演性）——因为我们那边说话都有地方口音，跟重庆人说普通话是一样的。所以就觉得自己是有优势的。

李翔：今天回头去看那时候的理解，你会觉得幼稚吗？

饶晓志：我从来不把执着当成一个（让人）觉得不好意思的事。欲望本身或者执着本身才是让我们往前走的（动力）。假如拿我自己举例，我认为我就是这么折腾出来的。要没这么折腾，我也折腾不到现在。我觉得绝对是靠这个。哪怕说真的幼稚，我也仍然觉得那是可贵的。

李翔：你有共情过你爸当时的心情吗？

饶晓志：我爸当时肯定也有他的考虑。他的考虑，一是别的学校我能考上的，估计也不咋的。我考学的那年已经不包学费了，大部分都是自费，不像我的上一届。我这个人特别奇怪，老赶不上那种上下（一届）的好处，反正是跟我没什么关系，我不知道你是不是这样。

李翔：差不多。

饶晓志：（二是）我爸希望我上的大学，我肯定是考不上的，成绩在那儿。

李翔：什么大学？

饶晓志：我爸最希望我考的两个学校都在重庆，西南政法和西南邮电，肯定是考不上的。接下来的次选 ① 也不知道（能不能考上），因为那时候是盲填，先填志愿后考试。而我考的这种学校（指艺术类院校）是提前录取，所以还是跟重点大学放在一块儿发榜。

我觉得他也没有过于难受，他对我的期望值每况愈下。我小时候，他希望我通过读书考一个重点大学出来，我的那些堂哥其实上北大、清华、复旦的都有，我在我们家基本上是学习

---

① 指比这两个学校低一级别的选择。

最差的，因为我比他们都调皮。

李翔： 像这种，家长是会有很大失落的吗？

饶晓志： 对，他们就是有失落，包括我后来在北京，他们应该（也）是有的。但是他们这种失落会逐渐变化，一开始是成绩上的事，后来变成你在社会上位置的事，或者你吃饭能力的事、养活自己能力的事，变成担忧。可能那时候期望都谈不上。有一段时间当我是北漂的时候，连期望都谈不上，更重要的是担忧。

李翔： 你爸妈现在对你职业的态度是什么？认为是个正经事吗？

饶晓志： 现在当然认为是正经事，但是在很长一段时间内都没有这样认为，比如我都排第一部话剧了，我都当导演了，我妈还在找人来游说我回老家上班。

李翔： 这种情况到什么时候结束的呢？

饶晓志： 到我完全错过回家上班的（机会）这种时候。

李翔： 年龄是吗？考公务员都不录取了吗？（笑）

饶晓志： 对，完全错过，而且我爸也从公务员队伍里退休了，没有任何门路了。

李翔： 我看李安的采访，都已经拿奥斯卡了，他爸还跟他说，你什么时候还是回学校当老师吧。话说回来，当时想跟你一起从事艺术事业的那些高中同学，后来有做这个的吗？

饶晓志： 没有一个，都没有。当年信誓旦旦要跟我（一起）考北电的，没有一个。

李翔： 都是看了回信绝望了吗？

饶晓志： 没有，他们（本来）也不考表演系。他们都听从了父母的安排，比如大部分都是师范类学校，当然（他们的）学习成绩肯定比我好一些，选择多一些。

我们那几届，反正我认识的我身边的人，没有一个跟我一起上艺校的。没上艺专就根本不可能出现在别的地方了，没有别的了。

教育和北漂：被道路裹挟

与其他行业相比，这个造梦产业的结构是一座更加陡峭的金字塔。

他离开遵义到省会贵阳去读书，学校的名字叫贵州省艺术专科学校。在他入校一年之后，这所学校被贵州大学合并，成为贵州大学艺术学院。

道路在他面前渐渐展开。

在艺术学院读表演系时，一位老师鼓励他去学导演，另一位从中央戏剧学院进修回来的师哥则鼓励他去考中戏："饶晓志身上有中戏的气质。"

可能他自己也意识到，如果不想毕业之后在贵州找一份工作，就此结束对未来的遐想，如果想继续前往他想去的那个世界，那他就必须到北京去。那里是整个国家文化和艺术的中心。而要想在这个文化和艺术的世界立足，北京二环内的中央戏剧学院可能是最好的下一步。

他在 2001 年考取了中戏。在北京，他可以找到包括孟京辉在内的所有先锋派戏剧导演的作品，包括皮兰德娄和贝克特在内的剧作家开始成为他的精神资源。更重要的是，另一个世界的窗似乎开始向他敞开，让他可以一窥其中的景象。他在中戏的一名同学让他知道了当时最红的电视剧是怎么拍出来的。他的师兄、师姐遍布中国的文化和演艺圈，结成了一张庞大的校友网络。

即使如此，这一切也并不像想象中那么顺利。与其他行业相比，这个造梦产业的结构是一座更加陡峭的金字塔。顶端的佼佼者是那些知名的艺人和导演，他们的成功可以被很多人看到，但是构成基座的绝大多数从业者则默默无闻，而且因为它的陡峭，从下向上攀爬的难度也要更大。

对饶晓志当然也是如此。

中戏毕业之后，他做过编剧，给孟京辉做过演员和副导演，还导演了自己的第一部话剧，甚至尝试过拍一部电影，但是直到2007年为止，他在北京的生活都并不如意，甚至有时候他还需要为自己的房租发愁。

不过，事后看来，这些经历也是他漫长的学习过程的一部分。跟孟京辉一起工作的经历，让他看到中国最优秀的戏剧导演是怎么思考和工作的；第一部话剧的不成功，让他反思在给观众讲故事时清晰直接的重要性，也让他意识到必须平衡个人的风格和商业化；失败的电影经验，则至少让他结识了中戏的师兄李亚鹏，而且，对于这部夭折的电影的记忆，在十多年后被再次唤醒，让他在拍第三部电影，也就是《人潮汹涌》时，产生了一种奇妙的对话感。

整个过程中，他有自己的坚持，与此同时，用他的话说，他也是在被道路裹挟着，磕磕绊绊地向前走。

在省艺专

李翔： 你在艺校上了几年？

饶晓志： 3年。

李翔： 这个艺校是贵州大学下面的一个学院，是吗？

饶晓志： 贵州大学艺术学院。但我进去的时候它不叫这个名字，叫贵州省艺术专科学校，省艺专，当时只有专科。这就是我运气不好的地儿。我那一年是1998年，我觉得专科也很好了，而且我们学费还很贵。（结果）当时跟我一块儿面试的一个孩子没考上，第二年一考，升级了，变成了贵州大学艺术学院，本科，因为贵州大学要搞985还是211。

李翔： 就是同一所学校吗？

饶晓志： 对，第二年就变成艺术学院了，就是本科了。

李翔： 然后从艺专考到中戏？

饶晓志： 接着这个命运还在。我中戏上的也是专科，叫导专。导专的前身有点干部培训班的意思，很多地方院团的人基本都是上导专班。对于有文凭的，比如我已经有大专文凭了，就不用再参加高考了，通过面试就直接能来中戏上学。我考那届，是平移过来，专科平移专科，等于我读了两个专科，第二年（这个专业）就升本了。老是这样，在这种节点上，基本上就是这样的状态。

李翔：艺专的 3 年对你有什么影响？

饶晓志：艺专 3 年稍微要系统一些，就是学习的系统，包括知道怎么去表演。我上的是戏剧系，不过是表演专业。当时戏剧系也没有别的专业。属于一个小白到了一个（学习的）阶段。

但对我来说最大的影响是，有个老师觉得我有导演的才能，才（为我）开启了这条路。他可能觉得我写作上、排演上有点天赋。

那个老师是中戏毕业的，给我留的作业和给别人留的作业都不一样，看上去好像很针对（我），但实际上我觉得应该算是某种偏爱，这种偏爱给了我一些这方面的信心。当然也有跟同学一起（经受）的磨炼。在表演技能上，包括后来到中戏跟他们一块儿读书，我都觉得自己是有才能的。

李翔：表演才能？

饶晓志：对，表演才能，一直觉得自己演戏是很好的。我们要演大戏，我都是男一号。我们是在省里面的学校，包括在中戏的时候我是导演系的，实际上要选上男一号不容易，而且还是老师非得叫我回去演的。所以从表演这个技能上，我在艺专就开始打基本功了。可能我的老师觉得我（表演的）前途不一定光明，又给我指了一条导演的路。

总之那个时候，其实艺专毕业出来也没有特别好的出路，肯定是需要再谋出路的。毕业之后，摆在面前的就几条路，要不然回老家靠关系找个工作，考个公务员进个事业编什么的，要不然就是在贵阳文工团、话剧团——这些我都去了，人家也对我表示很有兴趣。后来演员章宇①就考到了话剧团。他属于我出艺专的校门他进的，那时候叫艺术学院了。

我也可以去做这些事，只不过我要去北京了。在老师的引导之下，再加上一个师哥——他去中戏进修，是96班（中戏96级表演班）的插班生，跟着章子怡他们学了一年，我们入学一年后回来了，开始给我们讲中戏的各种不一样——在他的各种诱导之下，（我）对中戏越加地迷恋。

别人偶尔给你一句话，你就觉得自己行，真的。师哥说了一句，我觉得饶晓志身上有一种中戏的气质，这是他的原话。这种话我就会听进去。（表面上）可能掩饰了一下，但其实心里记得住，因为那时候我们也还小，十八九岁，大概就是这样。

---

① 出演过饶晓志电影《无名之辈》，也出演过《我不是药神》。

李翔：你在艺专的同学，（现在）都在做什么？

饶晓志：大部分都没有从事这个行业。加上我，有四个人勉强算是在这个行业。一个（做过）孟京辉工作室的演员，现在也在做演员；一个已经完全转成幕后制片的工作；还有一个也在做演员，天津人艺的演员。这几个人基本上都是我劝说来的北京，就是我带他们来的，我说我们得出去。

李翔：是你去中戏之后还是在贵阳的时候？

饶晓志：（在贵阳的时候，）就像高中鼓动别人跟我一块儿去考电影学院一样，我跟他们说，我们得去北京，不然没出路，大部分都是这样跟着我来的北京。天津人艺那个演员同学，是我们来了之后，他都上了一年班了，第二年又来的，又考到北京来。所以现在还在做这个行业的，只有这四个人了。

李翔：一个班多少人？

饶晓志：我们一个班大概三十个人。对，还有一个编剧，现在在我这边做编剧，也是我们同班同学。所以有五个人，但都跟我有关系，都是跟我一起来北京的。其中两个人，包括那个编剧，是我们来了一年之后才来的，是觉得看到我们回去之后还可以。

李翔：你们回去之后，扮演的角色就是那个中戏进修师兄吧？

饶晓志：对，是那个意思。

李翔：你们这几个人是因为有你这个变量（才来的北京），上下届呢？

饶晓志：上届没有，我来中戏的时候没什么贵州老乡，整个北京圈子里就没什么贵州人。有，也是凤毛麟角，可能也不认识，像宁静、刘孜（都是贵州籍知名演员）这些也认识不了，她们很出名了。师哥就没有。但是我们这茬刚过没多久，贵州人就很多了。

李翔：为什么，这是偶然的吗，还是有其他原因？

饶晓志：跟整个时代发展有关系，之前也没那么多人搞这行。

考到中戏

李翔：你面（试）中戏顺利吗？

饶晓志：还可以。

李翔：它是一个什么样的流程？

饶晓志：（和其他艺术院校）一样的，初试、复试、三试，面试的过程都一样。只不过我考的那个导专班不需要考文化课。我们班属于导表混，导演专业也有，表演专业也有，是一种教学模式。

李翔：面试导演跟面试表演区别很大吗？

饶晓志：表演就会考表演的内容多一些。导演也有朗诵，也有表演，但是会多（个）笔试，多一个对电影的影评，比如用描述的方式讲一段。我记得我当时是，随便给你一个文件，让你把它读出来，我也不知道他们出题（人）的想法，可能是想考你的逻辑，考你如何讲清楚你的这个故事，差不多就会多一些这个方面的东西，影片赏析，这些东西不一样。

李翔：当时一个贵州艺术学院或者艺专的学生要去面中

戏，难度大吗？

饶晓志：很多人都觉得不可能，之前有很多人去考，包括高中应届毕业生去考中戏，直接去考本科，没有考上的，我那期就没有谁考上，但也是前赴后继地有人在考。当然因为我不需要考文化课，这个事就显得容易多了。刚考上那两年，也会有人说这是（因为）中戏扩招，所以（要）感谢中戏扩招，其实也有运气的成分。

我觉得要不是来北京上学，想进这行就更难了。因为有时候你还得靠点同学，你还得有点朋友。不像现在，那几年又没有网络，交通各方面的也不是那么发达，所以挺难的。跟我一块儿来考的，也有没考上的。

李翔：导专跟中戏其他的专业、班级区别在什么地方？

饶晓志：导专是学历，导演专科，导专仍然是导演系，就是我刚刚说的，它的前身实际上类似于干部培训班。比如说我进中戏之后，我们班的同学就有话剧团的副团长什么的，已经很大了。你想我那时候才 21 岁，他们就已经 38 岁了。所以在同学身上学到的东西还挺多的。

李翔：跟其他的班级上课有区别吗？

饶晓志：没有太大区别。

李翔：你在中戏导专接受的教育，跟你在艺专时接受的教育差别大吗？差别在什么地方？

饶晓志：最基础的都是那一套。当然导演专业我在艺专本来就没学，也没有经历过那样的训练。从表演这个角度来说，都是声台形表的一些要求，但是它对你的启发和你周围人水平的提升，这是最不一样的。比如我在艺校学的时候，还会有人在那儿"biu biu biu"，还在这么演戏。嘴里可以发出这种声音的对手和给你别样（东西）的对手是不一样的。

李翔：那两年最重要的教学载体，就是大家在一起排戏吗？有人导，有人演？

饶晓志：对，主要是老师带着完成一些事情。

李翔：排经典的剧目？

饶晓志：也要原创。有各个阶段，比如从小品来说，有画面小品、音乐小品、事件小品，我们会一个一个来。小品这个词儿是来自教学的。

李翔：那两年里面，你们同学之间会有非常密切的交流这样的场景吗？

饶晓志：就是要密切交流，因为你要排戏，你要导别人，你要被别人导，你还要跟别人合作演戏，所以就是一个密切交流，大多数时刻都在这上面。我认为成长路上重要的是有些同学给你的东西。这些方面是和之前区别最大的地方。

像我有一个同学，他是《笑傲江湖》^①的副导演——现在我跟亚鹏是很好的朋友，昨天晚上还一起喝酒，我们是邻居，但是《笑傲江湖》那时候亚鹏正当红。

李翔： 对，超红。

饶晓志： 超红。我那会儿还挺喜欢亚鹏的，所以我会觉得真好，你能跟谁谁谁一起工作。

但其实那不重要，重要的是他让我知道有些事是怎么回事儿，或者说大概其是怎么回事儿，这些是一个提升。他让你大开眼界，或许他让你自卑，或许他在某些时候又让你自信了，我觉得特别复杂，它是人格养成或者成长期的那种东西。

李翔： 你在中戏的同学，应该留在这个行业的比例会高一点了吧？

饶晓志： 如果只是说留在这个行业，基本上一半一半。比如有些人去做制片人了，当然算留在这个行业。比例高得多。但有些人是回了老家，比如是什么话剧团的或者是哪个学校的——我还有同学现在是哪个学校的系主任，我觉得严格意义上就不能算留在这个行业，我会觉得他属于教育行业或者文艺团体。

---

① 指 2001 版《笑傲江湖》，导演为黄健中和元彬，主演是李亚鹏和许晴。

李翔：你们班现在做得比较好的算是你吗？

饶晓志：导演算。我不知道怎么才叫好，但如果非要拿这几年的成绩来说，我觉得我应该算是导演里面做得最好的。表演里面还有马丽①，马丽是我们班的。

_____

① 知名女演员，主演过的电影包括《夏洛特烦恼》《羞羞的铁拳》等。

贝克特、皮兰德娄和王朔

李翔：你接触贝克特、皮兰德娄的作品是在中戏阶段还是更早？

饶晓志：应该算是在中戏阶段，或者说是在艺专的最后一年。那年有本书叫《先锋戏剧档案》，上面全是孟京辉他们那帮人的剧本，也包括牟森[①]的。

那时候我根本没有看过孟京辉他们的演出——网络也没那么发达，反正我没有看过任何一个片段。但是光看剧本，我就已经能想象出那个场景，这也是我觉得很有意思的地方。《一个无政府主义者的意外死亡》是达里奥·福[②]的作品，从那时开始，我去图书馆时就会借一两本贝克特、达里奥·福，还有皮兰德娄的书。也是因为《先锋戏剧档案》，我（开始）对这帮荒诞派的剧作家感兴趣。

李翔：你在艺专接受这些荒诞派作品之前读的主要是什么？

① 独立戏剧制作人，被视为中国实验戏剧先驱。
② Dario Fo，1926—2016，意大利剧作家、戏剧导演。

饶晓志：空白。没有。王朔？王朔是我那时候的看家本领。

李翔：怎么讲？

饶晓志：我们叫作业，作业汇报时，我只要一演王朔的作品、王朔的人物，就特别受欢迎，或者分就特别高。

李翔：是因为王朔本身受欢迎，还是说也契合你的性格，你表现得好？

饶晓志：我觉得第一他受欢迎，第二可能我也比较（适合）演那样的。

开餐馆倒闭，剧本卖不出去

李翔：我看到有个采访，说你 2003 年中戏毕业之后，去开餐馆和酒吧了？

饶晓志：对，这是当时想多了。

李翔：当时的脑回路是？

饶晓志：当时觉得我开个餐馆，解决了自己吃饭的问题，又可以不断地跑剧组，好开心，这样两头都能解决。想简单了。结果就不行。因为餐馆这种东西，你要真的去（经营）它，才有可能让它正常，要不真正地去经营它，你就得等着赔钱，就是这两条路。（可）如果你要真正去经营它，你又没法干别的了。

李翔：是贵州菜吗？

饶晓志：家乡菜，我是盘的别人的一个馆子，整个原班人马，只是店给我了，厨师什么的都留下了。

李翔：就是老板不一样了。看来当时还挺有钱的。

饶晓志：对，换了个老板。不是很有钱，那时候傻了，如果那点钱交个首付买套房子……

李翔：你开餐馆，很快这个模式就不行了，是吗？

饶晓志：有时候也挺逗的，疫情来了。

李翔：对，SARS。

饶晓志："非典"来了之后，也不能说它好像不能养活了，但（就是）很艰难地在那儿运转，你就越来越边缘化，包括你跟这个行业……你发现你的初心不对了。

当时的女朋友也搬走了，不是因为跟我分手，是不能跟我一块儿在这儿做这个事情。所以就变成我也会怀疑这个事情。我的初心又不是为了开饭馆。后来也不能叫酒吧，就是开餐馆开不动了，随便装修装修，换成了餐吧，但是以卖酒为主。

李翔：你在开这个餐馆的同时还在做编剧，是吗？

饶晓志：我自己想写剧本，但是实际上没有成功过。也有人跑来跟我说希望我写。我记得我还写过情景剧，大学生那点事儿，类似于这样的题目，讲一个艺术类院校学生宿舍的事，也是一个人找到我隔壁班的同学来跟我说，（想）一块儿做这些事。我还经常跟我一个同学一起聊剧本的事，但是都没有成功。

李翔：成功就是有人出钱来买剧本？

饶晓志：对，没有成功，没有靠这个养活过自己。

孟京辉和戏剧美学

李翔：这之后你是直接去了孟京辉那边吗？还是说又干了一些别的事情？

饶晓志：就是去了孟京辉那边。也是因为那边有我的好多同学，包括同一届的，特别是表演系的同学。因为老孟那时候也在转型，要做一个儿童剧，所以需要的演员非常多。可能有一天是缺人了，一个同学就给我打电话，问我愿不愿意去。我当时还开着餐馆，觉得这简直太棒了，（必须）马上就去，就答应了。

李翔：是去做演员？

饶晓志：做演员。中戏导演系的经常出来做演员。（我们）出路并不太多，院团招聘现在基本上都不太现实了，他们招导演招得很少。（而且）你又不是一个正经的影视导演。（加上）那个时候中戏的导演训练，表演是很重要的一部分，所以导演系的孩子们演戏都不错，像张鲁一、张静初、汤唯，这些都是中戏导演系毕业的。还有更多的人，好多演员你以为他是中戏表演系的，其实是导演系的。一般没那么帅、没那么漂亮的，都是导演系的。

李翔：你跟孟京辉一起工作了多久？

饶晓志：从 2004 年去那里，断断续续三年。

李翔：到 2007 年？

饶晓志：对，三年时间。我等于帮他演了两个戏，做了两个戏的副导演，一共在他那儿做过四个作品。

李翔：你跟他合作时感受到的这个人，跟你在外面知道的这个人，差距大吗？

饶晓志：这些年我（跟他）接触也少了。那个时候的老孟特别有童趣。当时大家都想做个成熟的人，可他让你觉得特别孩子气。所以你会觉得，怎么这样？但是他又让你觉得很可爱，是这种。

李翔：是不靠谱的可爱吗？（笑）

饶晓志：他很有童趣，他的好奇心比当时的我们还要强。当然这其实跟年龄有关系，反过来说，这几年我的童趣也会比那个时候强，好奇心甚至比我二十多岁的时候还要强，我不怕展现我的好奇心。

李翔：放松了。

饶晓志：因为那个时候我是不想展现我的好奇心的。所以这是两回事。我觉得这都是人生阶段的关系。当时的老孟对我来讲是有魅力的一个人。

像我说的，我是小镇青年，我们看人都是这样，真的还是得有见山是山，见山不是山的过程，都会有的。

李翔：他对你有影响吗？

饶晓志：当然了，我在看《先锋戏剧档案》的时候就被他影响了。

李翔：那时候相当于是作品。

饶晓志：对，他就已经把我影响了，再加上我看他的碟，又跟他一块儿工作，他当然对我是有影响的。

李翔：这种影响具体是什么，你想过吗？

饶晓志：可能是潜意识的一些美学上的判断，比如说喜欢的东西。

在那儿工作的时候孟京辉就俩词——"牛 ╳"，还有"傻 ╳"，他就用这两个词来形容好与不好。不管是别的演员给他演，还是我们出个什么主意，"牛 ╳"，要不然（就是）"傻 ╳"，"别说了，傻 ╳"，你就会知道这个不行，那个可以。

但是在跟他共事的同时，你肯定潜意识中在某些时候还是会慢慢去揣测（他），或者说慢慢向他靠拢。当然你也能在过程当中学习到，为什么这个东西不"牛 ╳"。他不一定给你解释，慢慢你就能感受到或者找到一点规律，可能就是所谓的一些戏剧美学上的养成。当然并不完全是说我们就跟他一模一样。

李翔：了解。比如你演他的戏以及你做他的副导演，他会给你一些具体的工作反馈吗？比如说这个演得不好或者应该怎么去演，会有这样的吗？还有副导演的工作是什么？

饶晓志：我主要还是管排练。比如《两只狗的生活意见》，我们就是几个人在郊外，那时候老孟又不来，我们实际上是跟两位演员，再加一个乐手，就在那儿排。某种意义上也是监督排练、出主意之类的。因为戏剧排练没有那么多的层级，不像我们影视剧组导演会特别牛或者有什么权力。没有，因为大家都是打成一片的。但要说他具体有什么要求，时间有点久远了，（能记得的）确实没有。但是他每天都会来，不是不来。

李翔：就是说交互还是很多的。

饶晓志：对，就是开会，比如说舞美、执行，你要执行什么事，有些时候你要去帮着盯这件事，就是这些。排练其实大家都混在一起，既是副导演，也是演员，是要跟他们在一块儿的，也会上台演戏。（做的）是一个集体的东西，（在）排练厅（里）大部分时候还是这种感觉。

在那儿还有一个人就是陈明昊。陈明昊是一个演员，马上要做的阿那亚戏剧节，他也是发起人和艺术总监。当时他是孟京辉的主演。孟京辉有几代演员，陈建斌算其中一代，到我去的时候是陈明昊①那一代。我跟他聊得很多。他其实也影响了我对戏剧的一些认知，特别是在那个时期。

李翔：像这种训练，跟在学院，比如中戏里面的训练，还是很不一样的，是吗？

饶晓志：当然，这是实战。

李翔：过去排戏不是实战？

饶晓志：中戏排戏可能是模拟。它也是实战，但是反馈不直接。

李翔：是缺少观众的反馈？

饶晓志：它不直接，它是学生的反馈。当然学生有时候演得太差了，也未必会得到反馈。它始终没有那么直接。比如说传媒大学、电影学院自己拍短片在学校放，和真的上大屏幕去全国院线放，那是两回事。

---

① 知名话剧演员、导演，与孟京辉、田沁鑫、赖声川、林兆华等人都合作过舞台剧。孟京辉的《两只狗的生活意见》即他主演的作品。

归属感和边缘感

李翔：你当时收到的反馈还算是比较好的是吧？

饶晓志：我在孟京辉那儿吗？我自己吗？我这个角色吗？不一定。我在那儿一开始还可以，但我后来并不开心。我觉得在那儿处得不是特别好。不是说我跟孟京辉处得不好，是跟另外两个人，有个把人处得并不好，但他们其实是我的前辈。我这个人又有点那种……我不是那么敬重权威的人。

我其实心里不喜欢搞那种分割的东西，所以老是跟他们有一些分歧，但因为他们是前辈，周围的人也比较多，所以就越来越觉得在那儿不是那么地自如。

我是一个特别不适应不自如状态的人。这种不自如，要不然我就会对着干，要不然我就会心生退意。就是说要不然我放弃，要不然我会对着来干个大的，就是爆了。年轻的时候脾气是这样。所以在那儿做完《艳遇》①，也让我产生了一种并不是那儿的人的感觉。

---

① 孟京辉在 2007 年做的音乐话剧。

但是"并不是那儿的人"这种感觉我其实一直都有。可能直到现在，我觉得我的公司是我的，我才会……

包括我们刚才说的故乡，你说我是哪儿人，我现在肯定说我是遵义人，但是我跟那儿的人关系也很奇怪。我经常会反思一些这种问题。

包括戏剧圈子，我在里面十年，老觉得自己很边缘。我做电影做到今天，也没觉得自己特别（主流），也有边缘感。在做电影的时候，有时候又认同自己是一个戏剧人。这种心态很奇怪，我不知道它属于什么范畴，属于自卑还是自信，还是自负，没有细研究。我觉得它是杂糅的，可能都有。

我没有觉得我是孟京辉那儿的人，没有那么强烈的归属感，后来就特别希望再出去做事。

李翔：可能如果你特别有归属感，就不会自己出来做其他事情了。

饶晓志：有这个可能。

一次失败的电影尝试

李翔：我看到之前采访说，你 2007 年出来，是要尝试做电影，是吧？

饶晓志：对。那时候我想要大刀阔斧地进军这个。实际上我一直在写剧本。

李翔：毕业之后一直在写剧本？

饶晓志：对，一直在写，有时候也是受别人所托，说你写一个我们看看，那时候老这样说，你写一个我们看看有没有感觉。

李翔：你现在会这么套路别人吗？

饶晓志：不会，我真不会。

李翔：你说 2007 年尝试做过一年电影最终失败，它是一个什么样的情况，什么样的过程？是真的付诸了行动，去找钱立项这样的吗？

饶晓志：2007 年，有一个哥们儿跟我讲，有这么一个事情，有一个公司愿意做电影，也器重年轻人，虽然它是个广告公司，但是很有机会。因为（这个哥们儿）的创作能力肯定没我强，所以实际上他是拉着我去一块儿做，两个人都是导演，（但）其实写东西都是我在写。

我们找到一个题材，跟《人潮汹涌》有点像。一个房地产商跟一个剧团演员互换身份。2007 年做的就是这个。我们在某种意义上还入职了一个公司，每个月领 1200 块钱。

李翔：创作费吗?

饶晓志：工资。反正一顿忽悠，弄弄弄，弄到最后……

我那时候做戏剧，身边也有一些资源。我挺喜欢亚鹏的，就给亚鹏递了剧本。高圆圆跟我关系也不错，（也找她）帮我演，（她）还介绍小帅导演（指导演王小帅）给我做监制。一切我们都张罗好了，但是公司没有钱。公司说好，我们现在出去找钱吧。我还陪着他们去过两次，一次是三星手机的广告，在那儿聊植入。把那些都做了，后来发现遥遥无期，不太可能，我就走了，不在那儿做了。因为这件事情，我后来就跟亚鹏一块儿做话剧了。

"就很穷"

李翔：你当时写剧本效率属于很高的吗？（既然）毕业之后一直在做剧本。

饶晓志：不高。我2005年还做过导演。2004年跟孟京辉干了一段时间后，我2005年又出来了。第一次出来，我就自己做导演。做导演也不太成功，卖得也不好。当时是改编了皮兰德娄的《六个寻找剧作家的剧中人》。2006年等于又回去跟老孟做《两只狗的生活意见》《迷宫》什么的。

你说效率高也不高，但那时候真的一直在写。我还去过我一个朋友的（公司），帮他实现一个电视电影①的梦想，那时候流行。但实际上那些作品都没有成功，也没有什么声响。

也被骗着写过不少剧本，当然并不见得别人会偷用，不是这个意思，总之就是不收钱写了一堆东西。

李翔：那你当时主要的收入来源是什么呢？

---

① 指专门为电视渠道拍摄的电影，相比于电影而言，制作周期更短，成本也更低。

饶晓志：就很穷。所以我爸妈会担心，时不时地就会游说我。

李翔：爸妈知道你很穷吗？

饶晓志：对，知道我很穷，因为偶尔还会（跟他们）要钱。

李翔：怎么个穷法？

饶晓志：没有到可以卖惨那种程度的穷。有些人说住地下室，啃馒头，倒没有。

李翔：所以是正常穷。

饶晓志：有时候还能撸点串，没有说穷到那种（很惨）的。但是房租时不时要周转一下。要交房租的时候，可能那几天正好就没钱了，要么朋友这边周转一下，要么就跟父母张个口。这应该是大头，其他的应该还好。吃饭一定是还好的。

李翔：这是中戏毕业生典型的状态吗？

饶晓志：差不太多。我认为现在有好多人也这样，不光是中戏毕业生，整个这个行业都是（这样）。其实这个行业就是金字塔上的光鲜，其他的哪有那么光鲜？我身边有一些小朋友，到现在也是时不时地要为房租发愁。

不成功的第一部话剧

李翔：你 2005 年导演第一部话剧，是别人主动来找你的吗？所以你才从孟京辉那边出来？

饶晓志：我觉得应该有主动的成分。当时是有人要做话剧，这个哥们儿是一个很有意思的人，他看准了小剧场这个行业，在物色一些人选，然后我也很积极地推销自己，就这么达成的一个工作。

李翔：戏逍堂这家公司是吧？

饶晓志：对，戏逍堂，关皓月 ①。

李翔：你当时怎么选的这个题材呢，改编皮兰德娄那个剧？

饶晓志：我们隔壁班排的毕业大戏就是这个剧。我们自己排的是《伊索寓言》，隔壁班排的是《六个寻找剧作家的剧中人》，孟京辉他们表演系排的是《一百人等待戈多》。那年的毕

---

① 戏逍堂是 2005 年成立的一家话剧制作公司，关皓月是创始人。

业大戏全是这些，后来因为"非典"都中断了，都没演成。

我会去比较他们的东西，那个时候对（这个）剧本，或许更早，总之（就）很有兴趣，觉得是很有意思的东西。

之所以选它，排它，是因为那个阶段我想要……其实是矛盾的，不知道什么是市场，什么是商业，当时觉得应该有一些市场因素，但又不想丢掉所谓中戏人或者戏剧人的那点骄傲，或者说对艺术作品本身的执着。可能就想着去排这么一个东西。

其实我一直认为这种方式（指重排经典）不是不可取的。名著是需要"翻译"的。现在这种"翻译"远远没有到"翻译"的程度，我们二度创作也好，演员呈现也好，是需要再将它"翻译"一下的。你需要让观众懂得，有时候那些东西不是不能懂，只是我们没有把它做好、做透。

（所以）是这么定的。那个（剧）是我一直以来就比较感兴趣的点，自我什么的。我很小就对抑制自我（这个主题感兴趣），当然我不一定能像皮兰德娄那样总结，人家是昨天的自我不同于今天的自我，人有很多个自我，他有很多作品在一以贯之地阐释这个主题，关于自我的变化什么的。这个是皮兰德娄的东西，但它肯定是我感兴趣的地方。

李翔：人家为什么愿意让你做这个戏呢，既然跟他们主流的都不一样？就是试一下？

饶晓志：我还是有一些自我推销能力或者是执着的。我真的会去跟他聊我认为它好在哪儿。有时候说不出来了，我也会在那儿跟他讲我的梦想和理想。除了说作品，有时候也要说自己。不是像现在（这样）说得云淡风轻的，当时我很真诚。那天他要决定做不做的时候，我去他那儿，走在雍和宫的那条路上，还在自言自语，"皮爷爷保佑我，我害怕，你的作品都没有在我们中国演过，现在让我做一把"。我是很真诚的。

我觉得对他来讲，他也没有认为我们一定行，但是可能觉得我这个人还可以。经常是这样，我遇到的合作对象，都是觉得我这个人还可以。因为跟我聊的项目通常都是在起始阶段，啥都没有的阶段。

李翔：你跟他谈了几次，他（才）决定做这个戏？

饶晓志：这个记不住了，但肯定有一段时间。

李翔：也是要不断谈。

饶晓志：酒怎么也得喝好几茬。

李翔：你们当时"翻译"得好吗？你自己去看的话。

饶晓志：现在回看我 25 岁的水平，坦白说我觉得还可以。我记得我们隔壁班的来看完我们的演出，说比我们毕业大戏排得好。毕业大戏是老师排的。当然我不能这么比一下就觉得一定好，但是从那个角度来讲我认为还可以。不过它毕竟皮儿还是厚，这个东西太沉重了。戏道堂除了这个作品全部都是恶搞的。所以它最后不算成功。

李翔：今天觉得水平还可以，是好在什么地方？

饶晓志：我只能是回忆，没有重新看过，现在再来看，万一我很羞愧呢？其实勇气是一个（好的地方）。真的，做这个（行业），第一不要犹豫，（要）一直不断地往前尝试，甚至是跨界或者什么的。因为我觉得就是要（去）做。

李翔：你们当时没有留影像资料吗？

饶晓志：应该是有。

李翔：也没好意思再看吗？

饶晓志：对，你想，25 岁的作品……当然不是说 25 岁就一定多么幼稚，但是从我们自己成长的轨迹来看，要解读一个诺贝尔文学奖大师的作品，一定不那么（透彻、完美）。但是愿意一知半解地在这么一个情况下去做，我觉得还是勇敢的。

李翔：那部戏叫《我贵姓？》，是吗？

饶晓志：对，《我贵姓？》。

李翔：你判断它不成功，这个结论是怎么得出来的？

饶晓志：票房以及受欢迎程度。它也没有让很多人觉得很兴奋或者什么的，没有。这些就足以让一个创作者判断它成不成功了。

李翔：你们当时会去问观众和投资方的反馈吗？或者他们会给你反馈吗，一场一场这样的反馈？我看资料上面写的演了一个月，是吗？

饶晓志：对，观众的反馈没有。不过我会去问，我经常干这样的事。以前我会在门口等着，一出来人我就特别沮丧，会觉得你为什么走呢？但是我去问了两次，人家都说我上个厕所。可是有尿点也让我心里不舒服。每次碰到，人家都这么告诉我，后来我就没再问了。

我记得当时他们也没有给我们时间做任何演后谈，那时候也不流行做演后谈。但我还是坚持只要我在或者没什么事，都会去谢幕，谢幕的时候也是一个观察（的机会）。我也会坐在现场听他们的反馈。

实际上从我的角度来说，我认为那时候的演出，可能总体会让观众有点云里雾里，但没有让他们觉得坐不下去。我的意思是，从节奏和好看程度上来讲，我认为是完全没问题的。从做练习、做作业（的时候），我就知道自己这方面是没什么问题的。当然我的老师也来看了，也会夸奖我一顿，也有这些（正向的反馈）。所以总体我觉得它还不错。

李翔：当时做这么一场戏大概需要多少钱？

饶晓志：当时 13 万吧，15 万以内。

李翔：成本？

饶晓志：对。

李翔：听上去很低。

饶晓志：关键那是全部演出（的成本）。

李翔：就是说不是单独把它排出来的成本？

饶晓志：对，是包括十几场的演出全在里头。

李翔：所有成本折进去。

饶晓志：对，13万。

李翔：一个月之后，出了这13万的人并不满意，是吗？

饶晓志：他就觉得卖不好，是因为你排的是一个这种东西。就像现在拍电影，有很多人说你拍的是个文艺片，不好卖，不好宣（发）。他没有对我有大的恶意或者什么，但他也会抱怨说钱赔了 ①。我们关系也没多好。

——————————

① 关皓月在2009年接受采访时说："（最成功的戏）应该就是《有多少爱可以胡来》，但这只是商业上的成功，它在3年的时间里演出了420多场，总票房近640万，而且成功地为北京文艺广播进行了反包装，我们在宣传上也得到了他们强大的支持，所以从影响上和商业上来说，这出戏是最成功的。

"最失败的戏是《我贵姓？》，当时我们是改编路易吉·皮兰德娄的经典剧本《六个寻找剧作家的剧中人》，我们只是想尝试一下改编诺贝尔文学奖的剧本观众到底买不买账，但是那一轮让我们赔了十多万，后来我们就暂时放弃了这种创作思路。所以在这个一成一败之中，我总结了，还是要做观众爱看的戏，这样的戏能和观众产生共鸣，能够说他们心里的事情，所以戏道堂后来的作品都是围绕着新的思路和主题来开展的。"

李翔：之前关系就没有多好？

饶晓志：在这之前也没有多好，也没有说好到……

李翔：好到任由你赔，是吗？

饶晓志：对，也没有到那种（程度）。我怎么说这个概念呢？我跟投资方的关系一向都没有说亲到什么程度上，包括电影投资方，其实是在一个"淡如水"的状态里面。

李翔：淡如水？

饶晓志：所谓君子之交淡如水。所以我跟他之间没有矛盾，也没有说就"撕"了，因为这件事情就处不下去了，没有，就很淡，他也没有怎么攻击我，我也有点不好意思，但也没有正式跟他道歉。

我没有道歉是因为我没有觉得我做错什么了，我很努力了，我把一个作品排完了。他可能也会觉得这是他选材上的（问题），可能他就不应该选我，或者说他不应该选这个题材，我相信这些反思他自己应该是有的。

李翔：总之就是没有下一次了，是吗？

饶晓志：总之就是没有下一次了，坦白说确实没有下一次了，跟他没有下一次了。

李翔：你刚才讲像（戏剧）导演跟资方的关系，有你说的那种特别特别好的吗？特别挺你，总是支持你。

饶晓志：有啊，比如他跟他投的下一个导演，他们的关系就很好，所以实际上肯定还是有这样的关系。

李翔：是不是他跟你之间并没有利益绑定的原因？

饶晓志：我觉得可能第一是因为我属于插曲，我真的觉得我属于戏逍堂的插曲，我并不是他整体布局上的那么一个人，但在那个时刻我出现了，又很努力，他觉得尝试一下未尝不可。或者在那个时间段他没有找到让他觉得（更好的导演），毕竟这个东西还是要交给一个导演。

更重要的是，他后悔的可能是自己的决定，而不是我。

没有利益绑定，我和他就再也没合作过。

李翔：这个创业者本人，戏逍堂的老板本人，不是导演出身，是吗？

饶晓志：他应该是学空调制冷的。我也不知道戏逍堂现在究竟发展到什么程度了，所以我真的觉得我是他的插曲。

李翔：电影圈有资方跟导演关系非常好，无论怎么着都会支持你的这种吗？

饶晓志：肯定也有。我也算有。只是好像没有密切到……比如说我跟那几家大公司也没有密切到绑定在一起什么的。

被道路裹挟

李翔：当时去做话剧导演和去做电影导演，对于你而言是一个并行的选择，还是说有更倾向的？

饶晓志：按内心来说，当然更愿意去做一个电影导演了。我觉得这个也不用违心地去说。

李翔：就是（不用）表态要为艺术献身，是吗？

饶晓志：对。我觉得戏剧是能够滋养你的，是能成瘾的，但是在生存上是不太能让你（满意的）。开始时你说我在写剧本，（其实）我写得更多的还是跟影视有关系的，虽然没有成，但是一直在做的都是那些事。

你要说并行，（其实）只是一种无奈之举。我两头都得走，两条腿都得走路，哪个方向走得顺，就往哪个方向去。

所以我才说"小镇青年"。说这个话不是为了显得我文艺或者显得我出身有什么（特别），它还有一种裹挟（的意味）。这种裹挟并不是你自愿的，因为你没有什么主动性，只有被动性，所以你对未来是不可预见的，不可预见的时候就会短视，没有什么特别大的设计。连生存、温饱都成问题的时候，你只能短视。就像我刚才说交房租还得借，我 27 岁生日那天还跟我爸妈哭，因为我跟他们要钱了——我记不起来是当天要的还是头几天要过。你的短视就是哪边能成先来哪边，所以造就了现在我做项目也这样，有时候也会两条腿走路，不会一根筋地只砸一个项目。这是性格，或者出身，是这一路走来给我的这个东西。

李翔：就是没有资格主动。

饶晓志：对，我们现在越来越有主动的资格，但当时没有。

李翔：意识到这点了，但是也改不了？或者说没有办法？

饶晓志：对。我觉得可以在这里面挖出它的优势。我是喜欢因势利导或者说顺势而为的，我经常那样做。你要说我多坚定，我一直觉得 70 年代生人比我坚定。我老羡慕那些人，亚鹏、学兵 ① 他们那一代人，对我来说，三观比我坚定。我就觉得我自己没有那么坚定，或者我这一代人都没有那么坚定。

李翔：把其他人也捎上了。（笑）

饶晓志：我觉得大部分是，或者说我只是大多数（人中的一个），说白了我没觉得自己特别，（没觉得自己）是一个异类。

① 指著名演员王学兵，曾出演《将爱情进行到底》《日日焰火》等多部影视剧。

我是真的回过头来看他们那代人的。当然他们赶上的时候比较好，买房子也比较早，他们还有哥哥姐姐，我总觉得有这些东西在，他们的世界观形成好像（就）更坚定。

李翔：2006 年刚好也是宁浩《疯狂的石头》上映的时候。

饶晓志：对。

李翔：那个时候会给你一点刺激吗？因为他也挺年轻的，比你大 3 岁。

饶晓志：会啊，就是觉得，啊……你看宁浩，（就）刺激完了。实际上不叫"刺激"，叫"真是不错"。

后来还有《绣春刀》的老路①。路阳现在是我的好朋友。有一次我跟路阳去无锡，我还跟他说，你知道我第一次看《绣春刀》是在哪儿吗？就在无锡。我当时看完就去查谁是路阳，一看，路阳是 1979 年的。我那时候（还）没有拍过电影，就想，1979 年的都已经拍这么好了，我还没拍过电影，怎么办？

宁浩那个（电影）出来，（我）会觉得多了条路。实际上那就是我做《爆胎》的原因之一。他是 2006 年出来的，我是 2007 年想要做《爆胎》。等他《疯狂的赛车》上映的时候（2009 年），（我发现）《爆胎》那个剧本里有很多桥段，跟《疯狂的赛车》不能说相似，但气质是有点像的，甚至喜剧性也有

---

① 指《绣春刀》和《刺杀小说家》的导演路阳。

点像。当时看完《疯狂的赛车》，我还跟亚鹏说，算了，这个肯定弄不了，已经过时了，有些东西《疯狂的赛车》已经用了。所以我们那会儿还是很努力地想要走那样一条路的。

李翔：我后来看到一个采访里，你说你没有看过《疯狂的石头》?

饶晓志：我没有看完，但这不是矫情，也不是为了找补什么，我当时买的那张 DVD，就是放到那儿放不下去了。但是它整个东西我其实已经知道了，就是结局别人跟我讲过之后，我就没有再看了，所以到现在为止，我就没有看完过。但并不是说我认为《疯狂的石头》不好，绝对不是。

李翔：我其实可以理解，应该是《无名之辈》上（映）了之后，会有人拿过来比。

饶晓志：对，就像《疯狂的石头》上的时候，人家也拿他的作品跟别人比，我觉得这个都是正常的。关键是，我说的是事实。

李翔：不是较劲。

饶晓志：不是较劲，因为《赛车》我看了，后面的电影都看了，老宁的我都看了。

李翔：当时还有什么年轻的导演让你觉得不错?

饶晓志：当时肯定宁浩是独秀。在那之前有陆川，他也不算大，陆川哪年的？

李翔：也是七几年。（陆川 1971 年出生。）

饶晓志：但是总觉得陆川比我们还是要大个几岁。我如果没记错，他应该是 70 年代初的人，还是比宁浩大，总觉得他做到那个程度其实正常，因为他年纪大，但他实际上是青年导演。

对我影响比较大的导演，除开传统的那些咱们奉为经典的，《低俗小说》的昆汀等等以外，我真的很喜欢杜琪峰。

李翔：杜琪峰，我也挺喜欢他。

饶晓志：我是非常，有一段时间 PTU（指杜琪峰电影《机动部队》）我都能背，到那种程度。而我实际上是很少这么去看一部电影的。

李翔：看那么多遍是在哪个阶段？

饶晓志：就是开饭馆那个阶段，2004、2005、2006，差不多这几年。其实也不是那时候才看，是反反复复地看，因为 2001、2002 那些片子都有了，杜琪峰的片子一直在。那段时间我就非常喜欢他，很喜欢他的风格。

李翔：你后来见过他吗？

饶晓志：没有，听说他脾气很不好，所以不敢见他。

从戏剧到电视到电影

他认为，自己最喜欢并且最受欢迎的戏剧作品，都表现出了"娱乐性和哲学性的平衡"。

从 2008 年到 2015 年开始拍摄第一部电影，是饶晓志的戏剧时间。在这期间，他导演和制作了 9 部话剧，其中一些今天仍然活跃在舞台上，包括已经演出了超过 10 年的《你好，打劫》。

不同于他导演的第一部戏剧，也就是根据皮兰德娄作品改编的《我贵姓？》，他后来的戏剧替他赢得了口碑和票房。他开始学习到如何在一部公开演出的戏剧作品中，平衡自己想要表达的和观众会喜欢看到的。他也开始主动去塑造自己的风格——当时他称之为"绅士喜剧"。由于互联网的记忆，这个标签今天仍然会被采访他的记者问起。他说，他通过这个词语想要表达的，是某种更高级的、更有质感的幽默。

他认为，自己最喜欢并且最受欢迎的戏剧作品，都表现出了"娱乐性和哲学性的平衡"。这种平衡其实也表现在他后来的电影中。他说，那些他的戏剧观众在看他的电影时会发现：这里面有饶晓志的风格。

戏剧导演的经历至少带给他三个收获。首先，正是通过不断面对观众、面对市场，他才得以把握和形成了自己的风格，从而既能表达出创作者想要的东西，又能够在某种程度上为市场接受。这对于任何创作者而言，都是需要去学习的一个平衡。

其次，跟演员一起在排练厅里高强度地排练戏剧，让他对表演拥有了更好的判断力，也让他可以更娴熟地跟演员沟通。这两个能力在他后来导演电影时也都非常重要。

最后，正是他的戏剧作品《你好，疯子》为他赢来了拍摄第一部电影的机会。一位投资人在剧场看完这部戏之后，想要把它改编成电影。当然，没有谁比话剧《你好，疯子》的导演更适合做电影《你好，疯子》的导演了。这为饶晓志解决了第一部电影的投资问题。

跟这段经历几乎平行的是，饶晓志还导演过电视剧集，并且自己也参与过电视剧的演出。

同样，这也是一段被道路裹挟的经历：他可能从中看到了机会，也可能仅仅是为了拿到一笔酬劳。不过，对于一个日后的电影导演而言，这些经历都不会被浪费。它们可能既增加了他的技能点，也丰富了他要讲述的故事。

春天戏剧工作室

李翔： 你跟李亚鹏怎么认识的？

饶晓志： 就是因为《爆胎》的剧本。

李翔： 你去找他？

饶晓志： 对，通过经纪人找他。我不知道为什么，在给他的那个剧本后面写了一个博客地址。那会儿流行玩博客。后来（他的经纪人）马葭姐还笑我说，你看导演就是鸡贼。因为亚鹏看完那个剧本很喜欢，用他自己的话说，他是坐在马桶上看完的，一直看，没停，看完就跑到我博客上留言。

李翔： 原来这么认识的。

饶晓志： 留言说90师兄，我一看就知道是亚鹏干的[①]。其实只是神交，根本没有见过面。后来他觉得不错，跟经纪人反馈，我们就约在中国大（指北京的中国大饭店）见了一面。后来这事没成，但是联系就有了。

李翔： 你当时找他是希望他来演吗？

---

① 李亚鹏是中央戏剧学院1990级表演系的，因此是饶晓志的师兄。

饶晓志：对，我找他演男一号。

李翔：演房地产商？

饶晓志：房地产商和演员两个人，一个人分饰两角。因为（电影）没成，过了一年我就排话剧去了，排完之后有一天我就邀请他来看，看完之后他就说我们做个工作室，他就成我的投资商了，一块儿做了一个工作室。

李翔：这个工作室就是春天戏剧工作室吗？

饶晓志：对。

李翔：是 2008 年的事情了吧？

饶晓志：对，2008 年就成立了这个工作室。

李翔：这个工作室的分工是你来做导演，他相当于是投资（人）吗？

饶晓志：对，他是监制、投资（人）。

李翔：这个工作室延续到了什么时候？

饶晓志：应该是延续到了 2010、2011 年。《你好，疯子》是 2011 年的作品，那就是 2011 年，3 年左右。我也帮他们写过电视剧的剧本。

李翔：工作室也需要负责一些剧本吗？

饶晓志：只是我需要。比如说他们会有一个项目，当然也是冲着让我发展的目的，因为光做话剧也没什么钱，就想着你做做电视剧。

李翔：当时大家对话剧行业的认知就是没有钱，是吗？

饶晓志：现在也一样。我后来辞职了，但是跟工作室没关系。

我跟亚鹏说，我觉得（我）不太适合做电视剧编剧这个工作。我跟管这个项目的人，就是他哥哥，可能就产生了一些分歧——当然实际上是正常的，他会有一些类似于电视剧的节奏不能过快或者什么的意见，而我喜欢的是另外一种东西。因为这些分歧，我就觉得可能我不适合做电视剧这个工作，所以就说那我就出来演演戏，也不用投资了。但是我和他关系仍然很好。

李翔：《你好，打劫》算是你第一部被认可的作品吗？

饶晓志：实际上，你要说赚钱和认可这两个东西，那可能是；或者说自己承认的，自己都认为它是双丰收的，我觉得就是《你好，打劫》。但你要说赚钱，我成立春天之后排的第一部作品是《将爱情进行到底》，那个卖得也很好。但可能在某种意义上，我没把它看成特别让自己兴奋的。

李翔：我也是在资料上面看到的，还有一部《女人女人》。

饶晓志：对，那个戏也还可以。那个戏不属于春天，是我们几个人一起做的，那个属于卖得还可以，口碑也还可以，但是对我来讲没有那么尽兴。《女人女人》至少让我获得了亚鹏的投资去做工作室，我觉得也算一种认可。

李翔：你当时排戏的出发点是什么？2008 年成立了工作室，2009 年有三部戏，包括《将爱情进行到底》《你好，打劫》，还有一个儿童剧《魔伞》，为什么这么高产？

饶晓志：没钱。

李翔：就是商业压力吗？

饶晓志：《你好，打劫》不是。实际上 2008 年要排的剧目（中），我们自己要排的是《你好，打劫》。戏剧界有一个特别奇怪的规矩，你要先定剧场，就是说要演出一部戏，你要先把档期定了，先把剧场租了，才能往下做，可是剧本的审批工作又是在这之后。我的《你好，打劫》2008 年的时候不让演，剧本递上去审查没过，没办法。可是剧场已经交过钱了，那就必须临时排个戏，要不然就放弃这个剧场，或者把档期转卖给别人，有时候也卖不动。那怎么办呢？我记得当时我就跟陈明昊商量，商量来商量去就说，干脆排点有意思的，把一些生活的片段、截面展示一下，排女人戏——男人可能都喜欢看女的吧，就从商业考虑上，弄了一个《女人女人》，剧本都没有，直接上来就排，排了 30 天就演了，就是这么一个戏。

所以从这个方面来说，我们也还行，虽然 30 天排一个连剧本都没有的戏，演员也是现凑的，最后结果还可以。

李翔：是指票房还可以？

饶晓志：票房还可以，口碑也还是可以的，圆圆（高圆圆）就很喜欢这部戏，也有些观众（喜欢），只不过那个时候没有这么大的传播面，都是自己觉得。当时有一个网站叫宽度网，是一个专门的话剧（评论）网站。可能现在还在，但是已经没什么人去了。在那上面其实我们还是火的。

李翔： 在一个窄众的圈子里面。

饶晓志： 对。

李翔： 你排话剧的时候，最高峰的时候，在话剧圈里面相当于电影圈里面什么样一个级别的人？

饶晓志： 我认为其实挺边缘的，我跟主流戏剧圈没有什么特别大的交往，甚至包括我拿戏剧界的奖，都是蒙的，我也不知道为什么就拿了，（感觉）就属于他们突然就肯定我了。但实际上我根本不认识什么人，特别是领导，主流派的这些人真的完全不认识。可能有些领导也不知道这个人是谁。

所以我没有相当于什么的位置，最多在剧场圈的观众（眼）里算是一个可以卖票的导演，但这在戏剧圈是远远不够的，跟电影圈不一样。

李翔： 规则不一样吗？

饶晓志： 不一样。我也不知道有没有规则。你光会卖票，其实没有多大的产能，只是说在那个窄众（的圈子）里面，别人看见饶晓志这个名字，觉得我会去买他的票，看他的戏。但是也不形成传播——那时候坦白说就没有形成传播。

我们做过会员制，实际上一度也有会员，但是数量多少现在我都忘了。我们也做过手机短信群发那些东西。不过对于我们做商业戏剧的人来说，那时候的窄众观众认的还是我，当然他们也知道我用了几个演员，但实际上还是靠导演卖票。

现在我觉得小剧场仍然是在靠导演卖票，因为话剧演员的流失和迭代速度特别快。你看我的《你好，打劫》去年还在演，但都多少拨演员了，《恋爱的犀牛》也是多少拨演员了。

李翔： 像开心麻花算是做商业做出来的吗?

饶晓志： 但是那个时候戏剧圈不认他们。后来人家成功了才认。一开始说不是话剧，现在说是话剧圈走出来的佼佼者。

李翔： 也可以。

饶晓志： 人生就是这样。但是我觉得麻花挺好的，他们自己玩自己的，玩得挺好的。

李翔： 当时也是边缘，是吗?

饶晓志： 对，但他们自己玩成另外一个主流了，现在是主流了。我没怎么看过麻花的戏，真的，但是我也绝不会说它就不是戏。我的认知是包容的。在舞台上的就应该是戏。标准都是人为的。电影院放的就是电影，你可以说它是不好的电影，但没法说它不是电影。

标签和更高级的幽默

李翔：绅士喜剧这个标签或者概念，是《你好，打劫》之后提的吗？

饶晓志：应该《女人女人》时就提了。

李翔：你当时提这个标签是出于什么考虑？营销的目的，还是要给自己归类的目的？

饶晓志：贴标签的目的，就是为了让人识别。第一，你得在市场里面找到一个位置；第二，你又不愿意叫那种名字，比如我记得有人叫"先疯喜剧"，疯狂的疯，或者减压喜剧，听起来就会觉得特别 low。

当然现在回头看，绅士喜剧也不见得多么洋气。反正当时就是为了区别，我要区别于他们，是为了做这件事，（也）觉得是不是品质也想区别于他们，幽默的方式也想区别于他们。

李翔：所谓的更高级一点，更有品质一点。

饶晓志：我自己心里认为的更高级一点。当然幽默有各种方式，我们肯定取的是情节的幽默、人物的幽默，而不是段子式的幽默。

李翔：这个标签跟你今天做的东西还有关系吗？

饶晓志：我并不是因为有了这个标签才去做这样的事，而是喜欢这样的幽默才去找了这个标签，其实（应该）是这么说。

实际上，我觉得绅士喜剧没有意义，只不过现在有些人会（提），就像别的记者也会拿出来问。

李翔：因为搜索一下就知道了。

饶晓志：坦白说它不是什么流派，就是个标签而已。从成名成腕的角度来说，我们更希望它叫"饶晓志戏剧"，肯定是这个意思，只不过我们没法打上"饶晓志导演作品"，人家不会冲着你来，可能（心里）会给你归个类。

李翔：你今天对这个归类会后悔吗？因为确实有了一个标签。

饶晓志：没有，我很少完全后悔什么决定，而且这个事确实不影响我，它就是个标签。但假如真的到今天还有那么多人记得这个标签，而不只是记者在问的话，那它可以存在。其实在观众心目中，我并不认为这个标签还有多少重要（性）。观众记不住这个标签。

"戏剧是哲学、艺术和文学的私生子"

李翔： 今天，开始拍电影之后，你会怎么评价那几年的一系列作品？包括《你好，打劫》《你好，疯子》《咸蛋》《蠢蛋》《东北往事》《左耳》，有改编的，也有原创的。

饶晓志：《你好，打劫》十（周）年的时候在海口演出，因为是十周年，我就去了现场。看完了之后，我正式发了一个朋友圈，说十年前的自己真的很"牛Ｘ"。但是这个就不像刚刚我给你讲《我贵姓？》那个意思，我真的觉得我十年前就是挺"牛Ｘ"的，我那个戏排得真是好。因为十年后我自己坐在那儿看，甚至可能有一些演员都换了，但它仍然有它的魅力。我觉得 29 岁做的那个作品，我心里还是很满意的，甚至也很自得，这个感受是真的。

《你好，打劫》《你好，疯子》和《蠢蛋》，还有《东北往事》《咸蛋》，这几个作品都会（让我）觉得当年的我其实还是可以的，这个自信我是有的。

李翔： 你做戏剧的团队现在有跟你在做电影的吗？

饶晓志：好多还在跟我一块儿做，包括雷志龙，《东北往事》他是编剧，后来《你好，疯子》是我让他写的电影剧本，《无名之辈》也是他写的，他现在是一个成功的编剧了。

李翔：那些你满意的话剧作品，共性是什么？你抽象过这个吗？

饶晓志：共性是都有点哲学性。上海话剧中心的编剧喻荣军有一次发朋友圈说——当然这句话可能不是他说的——戏剧就是哲学、文学和艺术的私生子。我当时觉得总结得还挺好的。它是个"私生子"，在现在这个社会来看这个概念，就会觉得还挺好。

我觉得，这些我满意的作品都有娱乐性，但是又兼顾了一点哲学性，平衡做得还不错，这是我喜欢（它们）的一个重要原因，也是获得共鸣多一些的重要原因。我始终认为剧场作品是应该带有哲学反思的，哪怕就是一点点——多了又太高深。我对我的定位和认知还是比较清晰的，我们是要靠这个（娱乐性）在市场上生存的。

哲学性、娱乐性，我觉得可能谈不上文学性，或者还没有达到我对所谓文学性的要求。因为我们的作品确实大部分都是在排练厅里完成的，从编剧的意义上来说，给的时间也不够，文学性要稍微差一点。

娱乐性，甚至有些社会性，再加点哲学性，我认为这些都是比较好的地方，或者我的平衡做得还可以。

李翔：如果戏剧是私生子的话，电影是文学、艺术和哲学的亲儿子吗？

饶晓志：电影现在也不一定跟哲学有关系。它（这句话）并不是用戏剧来对照电影，可能对照的是美术或者别的艺术形式。当然最近音乐剧也比较火，但我们通常用戏剧（这个词）时，指的还是话剧，好像这些年戏剧还是有点尴尬的。本来它应该是亲儿子，应该是艺术、哲学和文学的长子，但是现在成私生子了。我觉得还是跟社会地位有关系。

李翔：也就是跟赚钱能力有关系，是吗？

饶晓志：对。

李翔：你觉得最能代表饶晓志的作品是哪一部？如果那时候的作品让你选一部的话，你会选哪一部？

饶晓志：如果只选一部，我觉得更好的应该是《蠢蛋》，我认为我排《蠢蛋》的时候更成熟。《你好，打劫》也能代表我，但作品里面，从我的感觉来讲，《蠢蛋》算是我认为比较成熟的一个作品。

李翔：更成熟表现在技巧上面还是其他？

饶晓志：各方面，包括对故事的讲述或者节奏的掌控各方面，我认为都会更成熟一些。

李翔：你讲每部作品都有共性，都有哲学反思的成分在里面，它们的哲学反思是什么？

饶晓志：还是跟人性（有关）。像《你好，疯子》是（讲述）人和自我、人和社会的关系。或者不能叫讲述，（应该）叫探讨，因为一说讲述，听起来好像真的做了好大一个命题。

《蠢蛋》我觉得是对乌合之众或者集体无意识那些（现象）的反思。实际上是（因为）我去柏林，去了二战纪念馆，有一个特别的感受：一个显而易见的事实是，二战才过去70年，这么一场战争离我们并没有多远，才过去一代人而已，甚至还没有完全过去。包括（看到）很多抵制日货、砸日本车之类的行为。《蠢蛋》是在那么一个思考下出来的东西。

导演电视剧集

李翔：中间你去做过电视剧，导演了剧集《极品大作战》。

饶晓志：那不能算电视剧，就是春节七日游，一集一个好玩的故事，是笑果做的，现在做脱口秀的那帮人。

李翔：笑果文化。

饶晓志：对，那公司一直在创新。他们当年只是领到了东方卫视一个任务，要在过年（期间）每天有一集，搞搞笑。那时候王自健①比较红。我觉得它不能算电视剧，算单元剧，我只是导演。

李翔：你参与这个项目是他们找的你？

饶晓志：对，他们找的我。

李翔：是看过你的话剧？

饶晓志：应该是吧，但是也有人引荐，还是史航②的关系。

李翔：做这些事情会让你有收获吗？

---

① 演员，《极品大作战》主角之一。

② 知名编剧和文化人士，同样毕业于中央戏剧学院，代表作品有电视剧《铁齿铜牙纪晓岚》等。

饶晓志：会。跟镜头之间（的关系），在电视剧剧组和话剧剧组是完全两种生态。我说的生态就是相处模式，或者说对现场的把控完全是不同的。有了一些类似于这样的积淀，在我第一次坐到电影导演这个位置上的时候，还是会给我一些信息和自信的。我至少了解各部门是干吗的。有些导演是真的不知道，就是不清楚。当然现在可以反过来说，我的自信已经达到了我不需要知道（的程度）。（但）那时候又没有那个自信，所以我觉得积累是有的。

　　甚至对于镜头前的表演、对于现场让演员迅速调整表演状态以及达成的结果，实际上都是另外的工作方式。在排练厅，我们每天都浸泡在怎么演怎么演里，但是在那儿（电视剧剧组）就那么点反应时间，必须迅速做出决断。这就好比是一种训练。

为了糊口演电视剧

李翔：当时你也演了电视剧，是吗？

饶晓志：那就是完全（为了）糊口的。

李翔："打酱油"的吗？

饶晓志：也不能叫打酱油，还挺主要的。

李翔：有什么收获吗？

饶晓志：都是经验的增长。当演员也可以看到组里面怎么拍戏，毕竟我们上学时没有学过拍戏，我们学的是舞台剧，不是影视。（所以）虽然电视剧很普通，拍得也快，但也算是（经验的）增长，或者说对镜头有了一些了解。

李翔：那段经历是不是断了你演艺生涯的想法？

饶晓志：没有，为什么会这么说？

李翔：因为如果很顺利的话，你肯定一直演戏了，可以这么讲吗？

饶晓志：不能这么想。不是因为我演得不好，我演的毕竟是一个配角，所以也不会受到更多的关注。而且我也没有什么公司，不是那种（职业演员）。当然我演的角色也不讨喜，两次演的都是反派。

但是它解决了我的根本问题。我记得好像是 2007 年，就是我做电影那一年之前，我去演的那个电视剧，扮相非常恶心，但是给了我很多钱，或者也不叫很多，而是对于当时的我来说还挺多的。那时候十万块左右，我觉得就挺多的了。我 2005 年排一个话剧才一万二还是一万五（导演费），而且我只排了那一个。我演孟京辉他们的戏，一个项目下来也就一两万块钱。所以它让我可以踏踏实实地搞电影或者排话剧。

李翔： 没有像《人潮汹涌》里刘德华那样的经历吗？导演会说"感谢你对中国电影做出的贡献"这种。

饶晓志： 没有感谢我的。那种经历很少有人（体验过），我觉得简直是不太可能的。坦白说，《人潮汹涌》是个童话，包括他跟他说那句话也是个童话[1]。童话的意思就是，那只是一个美好的想象或者说美好的祝福，实际上不可能。群众演员当然有很辛苦的，（但）不会有一个导演真正走过去说"感谢你对中国电影做出的贡献"，最多是感谢你为这个片子做的贡献，或者"谢谢你，辛苦了""谢谢"。有这样的时候，肯定会有，我

---

[1] 电影中导演郭帆对刘德华扮演的群众演员说，演得很好，"感谢你对中国电影做出的贡献"，并且让副导演记下名字，要在片尾字幕感谢一下。

也会跟群众演员说谢谢，说辛苦，或者我的指向性是大家（不是特定某个演员），除非真的有一个（特殊的）人，比如《人潮汹涌》有一个武行，牙齿被打掉了，那我也很心疼，肯定要去安慰和谢谢他。这些我觉得会经常发生，但是不至于说……我凭什么代表中国电影呀？

从戏剧导演到电影导演

李翔：你做舞台剧或者戏剧导演，对你做电影导演会有帮助吗？

饶晓志：当然，特别大的帮助。浅薄地说，第一我毕竟是个导演。做导演是要有心理优势的，说白了不是谁都能做导演的。有那么多有想法的人，包括你在内，不是说你今天做记者明天就能做导演，也不是说你想拍什么就去拍什么，不是说全剧组都一定那么服你——他们会面上服你，但是实际上征服一个集体是很难的。你要懂很多。

好多人都说，什么都不会就做导演吧，那句话反过来是，什么都得会才能去做导演，或者什么都得会一点，得了解一些。还有你的笃定、你的判断力、你在一个团队里的领导能力，这些才是你做导演的基本能力。导演根本不是说就只管创作。其实每个导演最想的就是我只管创作，可往往是不会（这样）的，你甚至要管到钱。特别是现在我们做导演，基本上跟产品经理差不多，除了创作甚至还要管宣传，还要管它的推广。

你问戏剧对我的帮助，当然有帮助。比如我跟演员的相处。我已经很习惯跟演员相处，也已经很习惯演员沟通了。演员当然千差万别，当然会有各自的特点，但也会有共性。（我了解）他们对自己的关注、对人物的判断，甚至他们的表演是优还是劣，这都是我从舞台戏剧上锻炼出来的。也就是说我能迅速判断出这个东西是我要的还是不要的，甚至说这是好的还是差的，这其实是很多人根本就没有的能力。演员演两条出来让你选，你都不知道哪条好。

这就是我为什么说戏剧导演在这方面是强的，强就强在我们对表演是专注和有经验的。不光是说我会演戏或者我会点演戏，而是长期在舞台剧的排练厅里——我们在那里只干一件事，就是排练表演，就是通过演员去呈现我们的想法。所以那些对我来说就是锻炼。

当然也包括私下的相处，这些都是很重要的，只不过阵仗大小不同。都会有这种时刻，但是当你足够自信，对表演有判断力的时候，你在现场就不会慌张了，你知道你想要什么。

有时候人知道想要什么，但他不一定会形容，不是说这样的导演完全不可取，只是他可能会慢热一点，说这不是我想要的，我们再来一个，再来一个。但你不可能让一个演员给你来 80 个，那是王家卫导演才能做出来的事情。一般来说，拍商业片的时间也不可能给你这样的条件，演员也不会给你这么多，那就充分说明了你没有判断力——除了王家卫导演，差之分毫他都觉得不对或者说怎么样。我们做商业片有时候就是在抉择，两者之间其实是并行的，我们需要有创作上的判断和抉择，也需要有制度上的判断和抉择。

李翔：成功的戏剧导演转变为成功的电影导演，这样的例子多吗？

饶晓志：国外有不少，萨姆·门德斯，拍《1917》和《美国丽人》的导演，包括伯格曼 ① 这些导演都是。好多导演也不叫转，最多就是跨界。也有一些人是电影导演做了，然后回去做戏剧导演。导演这个职业就像以前很厉害的那些人，既是……又是……

李翔：达·芬奇式的人物。

饶晓志：对，文艺复兴时期的那些人不是什么都能做嘛。其实对于一个人来说，他在两个领域里做导演，甚至有些人本身还是画家，我觉得怎么能叫"转"呢？韩寒也不能叫"转"导演，他依然可以是一个作家或者一个文字工作者。

李翔：是发展出了一个新的技能点。

饶晓志：或者说这两个领域都有他可玩的地方。反而我倒觉得剧场跨电影的，这个度并不算太大。包括演员也一样，我在话剧里演和在电影里演都是一样的，都是演戏。

---

① 指英格玛·伯格曼（Ernst Ingmar Bergman，1918—2007），瑞典著名导演、编剧、制作人。

李翔：像你这样的，做电影导演之前比较曲折的，又排话剧排戏剧，也演电视剧拍电视剧，跟一开始就直接上去拍电影，这两种类型的导演会呈现出什么样的差别？

饶晓志：我当第一部电影导演和20岁当第一部（电影）导演，没法比，我觉得（这种比较）完全是不公平的。比如同样当电影导演，刚出校门的人和我一个已经35岁的人，甚至在戏剧领域已经做出了一点点成绩（的人），怎么能比呢？——虽然我也可能不主流，可能不怎么样，但毕竟我是个导演，字面意义上来讲我就已经是个导演了，甚至也有一点点话语权了，我有故事的版权，是一个人家知道我有一定故事讲述能力的人了，不管怎么说，我身边的资源比他们强多了。

他刚出校门，除非是世家，如果不是，那他认识的人远比我少得多，包括他对人的态度，对一个作品的判断能力，他的经验，都比我少很多。

这么来说，我认为我做电影的时候相对是容易的。我吃的苦可能是在话剧上，当年排话剧我还祈求"皮爷爷"。也有不被重视、怀才不遇（的感觉），觉得没有伯乐看中我这匹千里马，但那是在（我做）话剧的时候。2007年做第一部电影的时候，我才27岁，不是也没做成吗？

8年之后我做成了，但也不是我主动做成的。我只知道我要拍电影，但从来没有规划过这件事。我那时候在话剧圈做得还可以，人家找到我来做，我就傻不愣登地觉得自己能做。

李翔：就是投资人看了你的话剧，然后找到你？

饶晓志：对，找到我来做的。实际上我当然比那些人要容易或者幸运一些。但是你说做第一部就没点挫折吗？不可能没有，都会有。就像现在做片子也会碰到问题，也会碰到事儿。

"我们只是在做事情"

李翔： 你的第一部电影完全是一个被动的结果吗？不是说我有一个想法要把我的话剧改成电影？

饶晓志： 对，我没有那么主动去找人聊过，没有到处去找人聊我要改电影，大家来注意一下我。如果让我自己选，我的第一部电影肯定不会是那个（《你好，疯子》）。

李翔： 这是投资人指定的？

饶晓志： 对。

李翔： 他就喜欢你。

饶晓志： 他不是指定了我，是指定了这个故事，而这个故事只有我能拍，因为我是它的创作者。所以事情是这样发生的。但是发生的时候我也很主动，我并不是那种既然是你找我，我就很那个什么。没有，我也很主动。我并不是一个只是等待机会（的状态），虽然在那之前我并没有多么积极地四处觅食。

我的意思是，至少在机会来临的时候，我依然是要主动出击和主动迎上去的，我不是那种好像很淡泊名利的（人）。

所以真的聊完我所有的这些事情，你会发现我就是那么一个成长路径。我就是一个特别普通的人，从天资、从各方面，就是很普通，甚至我的经历也没有什么过于异类的事，包括讲从小镇到北京，就是不断地拓宽自己的边界。我有运气，但是我身上也有正向的东西，我是那种愿意去做事情、解决问题的人。

等我们最后聊到《人潮汹涌》，我也会告诉你我在《人潮汹涌》里做过多少我认为可能别人不会去做，但是我一定要做的东西。或者说是我愿意直面问题的能力，最多最多是这个。

这个行业有一些包装的成分在里头，而且天才的诞生率会比别的行业高。但我并不是那种出手就"惊为天人"的人，包括我，包括也有几个导演，我们只是在做事情。

所以就是这些事。当然，每个人都需要点运气。

李翔：这应该是典型路径，对中国大多数做事情的人而言。

饶晓志：我认为是。包括在做戏剧的时候，我也不受剧评人、影评人的喜欢。后来我发现了为什么，就是因为我太普通了。我没有"天分"这件东西——不叫一点天分没有，但肯定不能叫天赋异禀。他（们）不会觉得我有多么厉害，只会觉得这个人全凭运气，居然做成了他（们）没有做成的事情。

说白了，大部分剧评人和影评人心中是有电影梦和戏剧梦的。看到一个资质平平的人突然之间站在了那儿，（他们会想，）这个人不是欺世盗名吗？他做什么了？明明是一个不行的人，为什么居然还有些观众觉得他可以？

我后来才分析出来，他（们）不知道我用了什么办法，只会觉得我没有什么天分。因为很多影评人、剧评人，甚至稍微票友到一定级别的，对电影是有研究的，是有美学（标准）的，你不符合他们的（美学标准）时，他们心里是会有一种抵触的。这种抵触，再加上，我居然（豆瓣电影）评分还可以，甚至卖得也还可以，会让他们更加气愤。而且这种气跟对那些一上来就是三点几分的人（的气）还不一样。（因为）我的（豆瓣评）分还可以，（所以）他们会比对那些人还要气。

　　我后来看到一些人的恶意，那个气愤，我一开始是不能理解的。我想我也是很有诚意的，我是很（有）诚意地在讲述我想讲述的故事，哪怕这个故事在你眼中不一定那么高级，我也不是要做一个烂片。一开始我还保持这种委屈感，后来了解到背后的感觉，将心比心之后，我大概能明白为什么，明白这个道理是什么。

李翔：你在真实的场景里面遇到过那样的反馈吗？

饶晓志：坦白说没有，（主要）就是网络世界。

李翔：看了评论脑补的吗？（笑）

饶晓志：不是，评论就是他的态度，可能是他真实的想法。当然我也遇到过一些人，面上不会说你什么。怎么说呢，没有那么多人有勇气站出来，因为这（样）就会变成对话，谁比谁更有底气还说不定。单纯地发表一个言论，就不需你来我往，所以网络上就不一样。

第一部电影《你好，疯子》

饶晓志作为电影导演的第一次亮相，以世俗的标准衡量并不成功。

2016 年是饶晓志作为电影导演正式亮相的一年。他拿出的作品正是根据他的戏剧《你好，疯子》改编的同名电影。

这部电影讲述的故事可以简单概括如下：

在一个封闭的精神病院中，突然关进来七个不同职业、不同性格的病人。他们唯一的共同点是：都不认为自己有精神病。

这种情况下，他们面对的最大挑战就是说服院方让自己出去。与此同时，因为他们是作为一个群体面对着外面那个模糊的、只能被动与之交流的院方，所以他们首先要处理自己内部的关系，决定要以一个什么样的姿态来与院方沟通。

他们先是决定否认自己是精神病人，试图通过绝食的方式来向院方施加压力。之后又决定假意承认自己有病，但是努力表现良好以讨好院方——比如抢着吃药，让院方相信他们已经痊愈。

在这个过程中，有对外，也就是对院方的态度的变化，伴随着内部权威人物的变化和源于分歧的争吵和打斗。不同人物的自私、懦弱、逃避、好斗等弱点也在过程中表现出来。

不过，电影在接近结尾的部分出现了一个剧情的转折。原来六个不同职业、不同性格的人物，全部都是万茜扮演的患者在大脑中想象出来的人物。直率的出租车司机、好辩的律师、刺儿头的视频记者、愿意听学生讲话的历史老师、疼爱女儿的宠物医生、热情奔放的女白领，分别代表着女病人希望得到的某一种特质或者成长过程中需要的人。

饶晓志作为电影导演的第一次亮相，以世俗的标准衡量并不成功。电影《你好，疯子》在商业上并没有证明自己，尤其是与前一年同样由舞台剧改编成电影的《夏洛特烦恼》相比——《夏洛特烦恼》在 2015 年的国庆档收获了超过 14 亿的票房，而《你好，疯子》只有 1500 万左右的票房收入。

在口碑上，《你好，疯子》也呈现出两极化的评价，最后的结果就是豆瓣评分 6.8 分。

这让他耿耿于怀。

"我的价值就仅止于此吗？"

李翔：2016 年第一部电影上映对你意味着什么？

饶晓志：只意味着上映，（并）没有意味着我进入电影界了。

李翔：没有意味着你进入电影界？

饶晓志：没有完全意味着，比如说我只是跨过来了。

李翔：迈出了第一步。

饶晓志：另一只脚没来，另一只脚还在后头，因为我们没有取得（好的成绩）。

李翔：没有炸是吧？

饶晓志：没有炸，也没有取得什么实质性的成绩。只是我有一部电影作品了。投了 1000 多万，卖了 1000 多万，那就属于赔的。（豆瓣）评分也不高，6.8。

李翔：6.8 还可以。

饶晓志：对，可是对于我做戏剧的来说，我真的觉得不可以。我根本没想到。这里面还有一个故事，《你好，疯子》一帮宣发在那儿坐着开会，有人说我们来猜一下豆瓣评分吧，就有一个人猜 6.8。

李翔：这么准?

饶晓志：对。我当时就生气了，我说 6.8，那你别做这个片子了，你都不喜欢它。那时候我对豆瓣没有了解，不知道电影在豆瓣的（评分情况）。反正我们做话剧，我的分一直很高。现在我的话剧有些在豆瓣上评分并不高，比如有七点儿的，我可以这么说，那是因为有太多剧社的话剧也放在那儿跟我一块儿打分。他排的是我的版本，在他们大学自己演，演完了之后人家也在那儿打分，就变成这个样子。之前我们都是八点几。对我来说 8 分是一个……

李翔：及格线吗?

饶晓志：在戏剧圈的时候对我来讲是，但是到了电影圈就不一样了。6.8 分……后来我一看，这姐们儿当年真的是好准。现在就固定在那儿了，6.8。

李翔：另外一只脚在你看来什么时候才跟过去?

饶晓志：肯定是做完《无名之辈》。第一只脚只是说你进来了，并不一定有什么机会。《你好，疯子》上映之后就没什么人找我。我本来以为会有人来。

李翔：一堆投资人过来吗?（笑）

饶晓志：对，也不叫一堆，我当时想的是，怎么也得有点儿吧。对于投资人来说，他可能觉得《你好，疯子》还挺文艺的，导演也不算"响"了，所以没有什么太大的意义。当然也不是说完全没有，现在想起来很零星。

《无名之辈》是我拍《你好，疯子》的过程中就定下来的合作，并不是做完《你好，疯子》之后。英皇的制片人梁琳在《你好，疯子》开拍之前就找过我做电影。

李翔：不分先后吗？

饶晓志：对，不分先后，他说我们想跟你合作做一个电影，我说我正在做。

就是英皇的制片人梁琳，后来我们合作了《无名之辈》《人潮汹涌》。跟找我合作《你好，疯子》的人一样，也是看过话剧，但他不是想来拍话剧，跟那边不一样的一点是，他没有指定故事，只是想来跟我合作。

后来我跟他聊过几个故事，他觉得有一个还不错，可以做，我们就大概达成了（合作的意向），但都没签合约。实际上《你好，疯子》一完我们就启动了合作。所以那中间真的只有很零星的人找过（我），还算梁琳不离不弃。

李翔：没有受到票房的影响，不离不弃继续推进。

饶晓志：对，依然把我当块宝。

李翔：挺好。

饶晓志：我对媒体其实很诚实，我说过，《无名之辈》就是一个冲动的产物，就是一股不服输的劲儿。在《你好，疯子》受挫之后，我心里不服输，就跟《无名之辈》里的人物一样。所以我们写出来的这个心境也一样。我是无名之辈，但是我要证明一下我的价值，我的价值难道就仅止于此吗？

李翔：6.8 分、1000 多万的票房，是吗？

饶晓志：难道就只能这样吗？它甚至都达不到……我和别人也承认过，我对它都没有总结过什么，甚至都没有怎么去复盘。那时候《你好，疯子》对我来说还挺不好意思的，我心里面就想不应该呀。

当然我的有些自信是自己……我的自信不是说锋芒在外，天天好像不可一世，其实是自己（内在）的。因为我老是觉得不应该是这个样子，就想，不行，还得赶紧弄一个。

李翔：想要翻盘，是吗？

饶晓志：对，就是要翻盘，而且觉得还不能慢，得特别快。

更勇敢一些

李翔： 如果今天回头看《你好，疯子》的话，你会做什么修正和改变吗？

饶晓志： 我会。我会比那个时候更勇敢一些，（对于）要做的一些事的选择，当时太过犹豫。因为第一次做，又带着（戏剧的）烙印，又带着对电影的新奇，你有你的表达，又有商业的诉求，就是（夹）在中间，很难受。

如果是现在做，我肯定就会选一条路，要不然就彻底把它做成个文艺片，要不然就彻底把它做成个商业片。但是我基本上确定，要是能回去，肯定彻底做成商业片。我不会把它做成一个文艺片。

我应该更勇敢一点，上来就应该搞笑。本身话剧上来就搞笑，上来就很喜剧，很幽默。只不过在做电影的时候，我不知道，好像觉得我要代入或者怎么样营造一个气氛，觉得这是电影，要有细节，（结果）就会显得没那么勇敢。

我这个规矩立得晚了，让别人觉得这是个幽默的电影太晚了，实际上《你好，疯子》本来就应该是个幽默的电影。

李翔：结果是大家会觉得很思辨，好像对世界有很多的看法，是这样吗？

饶晓志：它一开始给你建立进入（场景）的时候，观众以为这是个悬疑片，也不搞笑，到后面该他笑的时候，他已经不敢笑了，他不确定是不是要笑。就是这个问题，他不确定要不要笑。

可是在（排）戏剧的时候，我们是上来第一句话就笑了。他（观众）就是在那儿带着新奇，又在笑。如果我当时更勇敢一点，就应该在这上面探求，这个步子迈一下，我觉得就（会）不一样，真的都会不一样。这个肯定是我会改掉的。本来《你好，疯子》对我来讲挺幽默的。

李翔：我相信你看到了很多这样的评论，包括大家给你的反馈，就是说，确实很像是一个话剧导演拍的电影，话剧感很强。

饶晓志：这个其实不是我在意的。我不是很在意说这是一个话剧导演，或者说话剧感很强的电影。因为我当然知道自己的问题，说白了，我拍的时候已经很努力地在避免这件事。但是有些东西让我不得不做出了一些惯性选择，让我犯了这个错。实际上对我来讲，第一，我不希望它像一个话剧，但是我知道（可能会）有这个问题。

李翔：就是主观上不希望。

饶晓志：对，主观上不希望。所以当评论给出的时候，已经不是雪上加霜什么的，不是，因为我知道它有些问题，而且凭我对自己的了解，我一定会在后面解决这个问题的。

我第一部电影没有那么从容。我之前也在讲，我喜欢一个自如的创作环境。我对"自如"这种感觉还要求挺高的。有时候我也会有那种（咬牙坚持的感觉），每次都在咬着牙坚持（面对）一个不自如的环境，可能仅仅是出于责任或者义务。

在（拍）《你好，疯子》的有些时刻，对我来讲，都已经可以放弃了，我心里面都已经放弃了，但实际上我又知道必须把它做完。就是这样。

所以它给我的创作条件、拍摄条件，并不自如。当然不能怪制片人，也不能怪投资方，我们就那个体量，所以造成了这种结果。好像很痛苦，但是没办法。我不是说后悔《你好，疯子》拍得怎么样，我永远接受任何时刻的自己，（哪怕是）不足的也好。我就是接受这件事情。

李翔：即使是在当时不自如的条件下的选择，也接受？

饶晓志：对，我是接受它的。我不能说我有多强，但我知道我会改变，也知道我有一定的学习能力。所以第二部（电影）我就要证明自己。到第三部（电影），我自己觉得我就已经很从容了。

第三部（电影），坦白说，我是故意给的那种舞台感，因为它本来就是讲一个人生如戏、戏如人生的故事，本来就是演员的故事。我特意要求那种构图，说我们要做点这种东西。我就知道会有人跳出来说，"还是摆脱不了舞台感"。那其实就是我想要的，因为从我的角度来讲，我也有我的恶趣味。

李翔：这种想法挺好的。

饶晓志：第一，我满足了我的恶趣味；第二，证明了我已经（和电影导演）没什么区别。

自我怀疑

李翔： 你当时那种不自如是因为什么？是因为你在里面处于一个相对弱势的地位吗？

饶晓志： 比一般新导演强多了。不自如，是对自己的一些犹豫、怀疑，导致了一种不自信、不自如，我认为更多的还是来自心理层面。其次也是由于拍摄的艰苦条件，还有跟主创沟通得不那么顺畅。

因为我第一次拍（电影），所以跟摄影指导的沟通并不那么畅快，我也没那么多主意。可能有时候我也有我的坚持，不一定是对的，但不见得我就能被征服。我和摄影指导互相都没有征服对方。要不然他把我征服了，要不然我把他征服了，（可能就）会出现这种（情况），比如镜头归你了，表演归我了。但是他没有征服我，我也没有征服他，这就会导致一些问题。这种问题会让我产生自我怀疑之类的（情绪）。而且还得协调我跟摄影指导的关系。人家也配合，也没有撕，也没有生气，但是不自在。我觉得不舒服，他肯定也不舒服。

（还有）演员的沟通，《你好，疯子》对我的训练也很强。

因为是群戏，经常七八个演员在现场待着，每一个演员都有他对角色不同的理解，每一场戏我都要去解决他们的问题。他们有他们正常的质疑，我觉得是应该的。但是天天如此，你就会怀疑自己。

我在（排）戏剧的时候，至少这七个演员我说啥就是啥。

李翔：因为权威建立了。

饶晓志：可是在电影剧组的时候，我还没有完全（建立）。我还会点方法，要是一般的新导演，真的就崩溃了。

因为大家都在问"我怎么样""我应该怎么样"，七嘴八舌，都在提出自己可能是正确的，但也可能是自私的意见——因为演员都是自私的，我认为演员是必须自私的。特别是在这种时刻，你就要去取舍，去判断。你还要排调度，你还得想镜头。每一天就是这样，所以那段时间你就会非常痛苦。

李翔：所以当时的主要挑战，一个是跟成本有关，预算的问题；另外一个就是权威感建立的问题，是吧？

饶晓志：对。你解决这些问题不就应该用时间来解决吗？比如每天少拍点戏，我们也能坐下来聊会儿，可是周期又赶着你。而且我是一个对资方有使命感的（人），我到现在仍然不是那种随便你，我就要搞我的创作，我不管你怎么样的（态度），我不是。

李翔：演员可以自私，你不可以自私是吧？

饶晓志：对，我得想着他的事。比如他们说不行，今天必须完成什么，我又想完成任务。那时候就处于两边都在撕扯你（的状态）。那些不自如是这样的。

但是我认为这些问题是所有新导演都会面临的，并不是我一个人。最多题材特殊，（因为）我必须每天拍七八个演员的群戏。

监制郭帆

李翔：在拍第一部电影之前，你跟其他导演讨论过或者请教过吗？

饶晓志：郭帆是我的监制。我没有跟别的导演讨论过，因为郭帆是我的监制，他会帮我出一些主意。

李翔：郭帆是指定的吗？

饶晓志：是他们指定的。

李翔：投资方指定的？

饶晓志：对，我在这之前不认识郭帆，但是我们相处得非常好，以至于现在我们关系很好。

李翔：是第一部电影期间处得就很好？

饶晓志：对。

李翔：你当时面对那种不自如的情况，他会给你什么建议吗？你肯定会跟他讲这些事情是吧？

饶晓志：有些东西没法讲，你也知道有些东西就得你扛。他会帮我分担一点点，但是他那会儿也扛不了，他也是一个年轻导演。他只是好心，希望帮助我。他还比我小两个月呢，我们是同岁的人。坦白说老郭那时候也不能算多么成功。

李翔：就拍了两部电影。

饶晓志：他拍了两部电影，但实际上也不能算多成功，只是一部《同桌的你》票房很高。所以有些事情他只是比我有经验，但并不是一句话就能解决了，也不是，还真不是。

李翔：他监制《你好，疯子》的时候，你看过他之前的两部电影吗？

饶晓志：我应该是看过《李献计》，《同桌的你》应该是后面看的。

李翔：他有给你什么建议吗？针对你面对的状况。

饶晓志：每天都是建议。因为我们是一块儿在面对。他在现场的时间很长，直到确定要拍《流浪地球》之后，他才离组比较多。

那之前他基本上每天都会去现场，所以出现什么样的问题，他都在跟我一块儿解决和面对。但是真正做决定的还是我，所以最后还是我在扛，不然这就变成不是我导演的作品了。

我觉得这是正常的。当然如果没有老郭，这件事情有可能会更崩溃。摄影指导也是他的人，是他长期合作的。我不是说摄影指导跟我处得多坏，但是至少有老郭在，情况应该会好一点。

李翔：但即使如此，也解决不了你跟摄影指导互相说服不了对方的问题吗？

饶晓志：对，解决不了。老郭也看得出来这个情况，但这个是互相征服不了的（问题），我没那么服气，人家也没那么服我。

李翔：比如会怎么样？郭帆会给你什么建议？

饶晓志：因为我爱杜琪峰，我特别喜欢那种直面的、像舞台一样的对峙场面。我根本不觉得那有任何问题。但是摄影指导摆的机位可能会有一些前景，其实是一个纵深的镜头的拍法。老郭也会跟我讲类似于如果这样的话，看上去更好看或者更有镜头感。但有时候我也会说，可我就想要那种，我觉得那种才是我想要的。这是很细节的地方。

他会说你要跟谁谁谁好好沟通，他有他的经验。能做的他都做了。你今天让我说他做什么了，都太细节了。

李翔：都做了？

饶晓志：对，能做的他都做了。

郭帆有一点特别好，他会想办法让我放松，老在旁边逗我，拍照片。其实我们相处的模式有点像男孩儿。我不知道他是（不是）故意为之。我没有正式问过他这种事。

李翔：6.8 分、1000 多万票房之后，你们俩也没有聊过这个事吗？

    饶晓志：对，没有。但他依然鼓励我，会说挺好的。他还给我举例子，每年有多少部电影、多少个导演，你没问题，你继续拍（的话）不会有问题。但是事实上没有他说的那么乐观。我不是说了嘛，没有几个人找我。但他就是这样，老郭嘛，射手座，比较正向。

契合者的支持

李翔：当时你第一部电影的团队，有你自己原来团队的，有制片那边团队的，就是两个拼起来的，是吗？

饶晓志：我没有什么团队，只有导演组是我自己的。我的执行导演是章宇，就是那个演员章宇。我就是带了几个自己的导演组（成员）而已，别的就没有了。编剧是雷志龙，但是他不在现场。主创团队大多是郭帆的团队（成员）。

李翔：比如像章宇、雷志龙，你是怎么决定跟什么样的人合作的？

饶晓志：我觉得在某种意义上就是契合，这两个人都是朋友了。比如雷志龙跟我也干过《东北往事》，我也知道他有文字能力。章宇是间或陪我演演话剧糊糊口，那时候他混得也很差。我知道章宇很有才，我觉得他对电影的认知是能帮到我的。他给很多人做过副导演，我说我要拍（电影），你来帮我做一次，就是这样。

我认为他们身上有能帮到我的东西，这是最重要的一点。

当然他们也是会支持我的人。

李翔：我之前看过一个采访，你说你第一部电影里的演员，后面都跟你关系变得很好，比如万茜会主动问你第二部电影的情况，是这样吗？

饶晓志：大部分的关系都挺好。虽然我说每天面对那么多质疑，但是我跟演员的关系都还不错。

李翔：即使当时你是在一个不自如的状态里、比较崩溃的状态里，还是跟大家关系搞得很好，像郭帆、万茜。

饶晓志：我折磨最多也是折磨我自己。

李翔：折磨自己，不表现出来？

饶晓志：我没有跟他们有什么过多的交集，也没有那些（负面的）东西。我这里面基本上没有所谓群众演员、特别演员，我觉得每一个都是主角。像金老师①这些，都是我喜欢的人，我怎么可能跟他们有什么冲突？

李翔：像金老师，因为他是非常成熟的演员，在现场会对你提出类似一些挑战或者建议吗？

饶晓志：（建议）很多，但没有什么挑战。他们只是会问（一些问题）。其实问本身就已经是在……像周一围这些，都是

---

① 指金士杰，《你好，疯子》主演之一，1951 年出生于中国台湾，演员、剧作家、导演，代表作有《暗恋桃花源》等。

出了名的在戏上比较较劲的人。

我觉得承受那一切对我来说并不是什么坏事。我刚刚说它很麻烦，容易让你脑子"爆炸"，但它本身并不是说谁在搞你。它其实是应该解决的问题。你既然做这么一个作品，就应该去面对这个状况。

李翔：就是很复杂。

饶晓志：对，就像杜琪峰拍那么多（电影）全是群戏，（但）他肯定不会像我这样脑袋大。他很清楚。因为你不够清楚，所以就在那儿"炸"，但"炸"完之后，可能就会清楚了。

李翔：即使你"炸"，现场也不会表现出来，还是很好地去跟大家讲。

饶晓志：但是我很焦虑。

李翔：表现是什么？

饶晓志：就是那种脸上长包什么的，肯定是很焦虑。记得有一次万茜从我身边经过，我在那儿打电话，都已经不知道在给谁打电话了，我印象中有一句"以后再也不拍这种群戏了"。万茜就看着我。反正就是有一些焦虑。因为万茜是最后一个杀青的，所以拍她那几天简直太舒服了。

李翔：只需要面对一个人，是吗？

饶晓志：整个世界安静了。

李翔：现场会有那种，比如提一个问题，（让）你当时一下子有点蒙那种吗？

饶晓志： 我很少让自己蒙，我不会让自己处于一个蒙的状态。戏剧导演（的经历）帮助了我什么？至少我知道我要的东西在哪儿，或者这个人物即使向我提出异议，我也会迅速判断这个异议是符合我的要求，还是不符合我的要求，或者甚至高于我。如果你是高于我的，我立即就会同意；如果你低于我，我也会马上告诉你我觉得不行，为什么不行。我很少说就蒙了。我不会蒙的。我反而对镜头可能会蒙，但我对表演绝对不会蒙。我对故事、对人物该怎么样，我不会蒙。

可能合作过程里，比如我说跟摄影指导无法互相征服，但有时候摄影指导会突然问我，这场戏你准备怎么拍？本来这是他的工作，但非要问我的时候，我可能第一瞬间会蒙。但到后面我都不会蒙，我就说这么拍这么拍。因为我就是要做这个决定，管它是对还是错，我就这样做了决定，我就这样拍。

李翔： 也不会杠起来，我认为这样，你认为那样？

饶晓志： 摄影指导这边不会，但是演员这边可能会有。比如演员会有不同的质疑，最简单的解决办法就是，OK，你的来一条，我的来一条，我们试试。

李翔： 最后剪还是剪我的版本是吧？

饶晓志： 其实有时候真不一定，当然肯定当时是这么想的。

边拍边学

李翔：拍第一部电影，最开始的时候应该还是比较兴奋的吧？

饶晓志：亢奋。我每一部电影开拍的时候都亢奋。包括我监制的电影，我都亢奋。我们每次演出之前我也很亢奋。

李翔：第一次没什么不一样吗？

饶晓志：有点不一样，但是因为毕竟像习俗，烧香这些，我在电视剧（剧组）的时候也经历过了。你要说我心里有没有特别亢奋？肯定是有，我是一个仪式感很强的人，特别喜欢给自己加油打气，在重要的节日之类的。但是，因为这一切都发生在 35 岁了。35 岁的自己，不能说很成熟，至少还见了点事，所以就没有到好像心跳都嘣嘣嘣的（状态）。没有到那个程度。

李翔：你第一部电影从开始的亢奋到后来脑子有点乱，会有点炸，有转折点吗？

饶晓志：没有什么转折点，随着人越来越多就会炸。因为刚开始还在拍各组人单独的镜头，进到仓库就开始炸了^①，麻烦的事越来越多，就开始炸了。

李翔：我看到一个采访，李安的，说他用了很长时间才搞清楚戏剧跟电影不一样，长片也不是短片变长了，而是游戏规则变了，你也是这样吗？

饶晓志：他只是总结出来了。我觉得应该真的是这样，所以我才会说戏剧应该归戏剧。戏剧跟电影肯定是不一样的，但是有共通之处。

我觉得它的不一样是在核儿里的。我们会很简单地说，戏剧展现的是全景，是通过（对）演员的调度来告诉观众该看什么，但实际上在观众的角度，他看到的画面就是那幅固定的画面。当然随着现在一些新的科技多媒体的运用，也可以给他一些新的焦点，但是大部分戏剧的焦点还是由演员来带动的，是由我们某个人的发声或者事件来带动的。而电影是导演选择给你什么，你就看什么。

所以在做戏剧的时候，你要通过调度来带动焦点，如果观众都不知道看哪儿，这就是失败的。但是作为电影导演，你的错是没有给对观众你想表达的东西。你和观众之间没有建立沟通，是因为你给错了，或者给得不够，一般来说，最重要的还是故事的问题。

---

① 《你好，疯子》的群戏场景是在一个封闭的仓库，也就是片中的医院里拍的。

李翔：这是事后总结，还是在拍电影之前你就已经认知到这一点了？

饶晓志：我觉得这是一个学习过程。拍电影之前我肯定是知道的，但不一定那么清楚，不一定说马上就能现学现用。有些理论知识也看了，比如拍电影之前我去买了好多书，在那儿学，还自己画分镜，画半天，发现自己美术功底差，画不好。反正好莱坞那些丛书我都看了，但实际上看了到那儿也是蒙的。到这种时刻，真的就是（靠）直觉这个东西。又不是特种军天天训练，假如真的面临一个极端情况，不就靠直觉吗？有些人就靠直觉活下来了。当然也要考虑运气。

李翔：所以你在拍第一部电影之前，做的重要准备工作就是买一堆书来看，是吗？

饶晓志：对，当然了，因为我没有学习过。有些书我可能2007年就看过，肯定这几年也在看。我确实没有跟着谁系统地学习过这些东西。

李翔：当时你认识电影导演多吗？

饶晓志：不多。一个都没有。

李翔：然后就是拍的时候认识了郭帆？

饶晓志：对。（此外）一个都没有。

李翔：这也解释了为什么你没有找人去聊。

饶晓志：对。基本可以说是一个都不认识。

李翔：你做戏剧的时候认识了李亚鹏、高圆圆，你会问他们建议吗？

饶晓志：没有。因为他们都是演员，我去问他们这个建议干什么呢？而且我认为自己是有一点点经验的。第一，我跟同学一起拍过电视电影，虽然没成功，但是拍了，现场经验也有。（第二，）电视剧我也拍了，尽管它的工作流程、它需要耗费的精力、它每天的出产量完全不一样，但我仍然在某种程度上是有经验的。包括你提到的跟王自健做的东方卫视那个剧。我有现场处理影视剧组的经验，我并不认为我没有，因为灯光仍然是灯光，摄影仍然是摄影。只不过不一样的是，电影拍得更细致，它更服务于你的理念。

所以我不觉得我要去学习那方面的知识，我只是想学习如何通过镜头讲故事。当然我也会去看片。但实际上我发现，（就像）你想写本书，去逛书店一样，非得看一堆跟你自己那个故事一样的书，那你有时候（就）会觉得很厌弃自己，什么才是我的原创呢？你会去想这个事。

李翔：以及要跟大师竞争。

饶晓志：对，而且你还不知道他是怎么拍出来的，后来我就放弃了那种事情。所以看书、学习都在做，但是现在说起来，我并不觉得它是多么多么有效的一件事。当然我也不知道毕赣①他们是怎样做的，有些（人是）天才型的，但我并不认为他们一定是看书看成这样子的，都是直接的感悟，就觉得要这样，就觉得这样舒服。我觉得有时候就是这种东西。如果真的能自学就怎么样，那不早就人人都是大师了吗？

李翔：你不就是自学的吗？

饶晓志：但是我那种自学是在实践中自学。

李翔：我看到你在知乎上一个回答问题的文章，你的原话是，电影导演要带领的团队和面对的情况比戏剧导演更复杂。

饶晓志：对，刚刚我说的也是这个。

李翔：你觉得你在哪个阶段完成的这个转换？

饶晓志：电视剧也一样。

李翔：电视剧的时候已经复杂了。

饶晓志：对，电视剧也是几百人，也要管理。我第一次拍电视剧甚至还……

我的一个副导演跟别人吵架，我还上去直接骂。对方是一个摄像组的。那时候就会出现这么直接的矛盾，那就属于管不下去了。摄像组跟导演组已经到这种程度了，导演直接上去参与骂战。我性格里当然也会有强势的一面。我通过之前的两个

---

① 导演、编剧、摄影师，代表导演作品有《路边野餐》《地球最后的夜晚》等影片。

剧（已经有了这些经验），所以我才会说，你说我去问谁呢？

李翔：就是"我已经懂了"。

饶晓志：从制作方面，分工上的东西我是已经知道的，我并不是一张白纸进去的。而且我还当过演员。我在当演员的时候，也会被打饭的师傅欺负，轮到你的时候就少给你点肉，到主演的时候就多给点肉，也会有这些东西。说白了，我2007年去做演员，已经（了解了）剧组的等级制度，不好的地方，好的地方，它的分工有什么，各个部门有什么东西，我都知道了。

李翔：有经验了。

饶晓志：对，只是电影会更精良一些，（包括）整体的从业人员。现在电视剧有些也很好了。我觉得是当年好多事还没有规范。

预设一个最差的局面

李翔：第一部电影，你自己对票房会有预期吗？或者有压力吗？投资人会有这种压力给到你吗？

饶晓志：我永远都是希望不要赔本，到现在我也没有什么特别大的（预期）。我不敢说这种话，因为我老觉得就像生日愿望一样，说出来之后就破灭了。但是我心里也会有（底）线，我一定会做出……

每做一个事情，我都会先预设一个最差的局面。没有最好的，只需要预设底线就行了，或者是一个标准。我先要在心理状态里承受它。

我不是一帆风顺。像我跟孟京辉的时候，演了很久的一个角色，突然有一天来了一个知名男演员，我就被换掉了，那对我的打击就非常大。包括以前我也满怀诚意地写出一个剧本、一个故事，石沉大海或者被驳回来。后来就养成了一种习惯，也可能叫心理训练出来了一种预设，我必须先去想象清楚，这个结果产生之后，我接下来要走什么路。

我必须要想到下一步。如果想不到下一步，我才会真的焦虑。只要想清楚了这个结果是这样的，真正发生的时候我就没有那么难受，因为已经在我心里预演过了。

李翔：所以6.8分、1500万票房，这是你预演过的吗？

饶晓志：6.8分确实对当时那么"趾高气扬"的我来说是没有想象过的，但赔本这件事情我肯定想象过，我会想赔了怎么办。我没法去估计（评）分。因为那个时候我不觉得它（能低）到6.8分，而且我也不知道豆瓣评分那么重要。

李翔：但后来发现是很重要的？

饶晓志：你没发现吗？其实购票网站的评分更重要。它们是相辅相成的，反正都重要。豆瓣评分代表你的文艺气质，购票网站评分代表你的商业气质。好像是两个体系。

李翔：对这部电影的各种反馈里，对它的赞扬和批评里，有哪些你认为是有价值的吗？

饶晓志：就《你好，疯子》而言，好评对我是有价值的。但你要这么说，恶评也有价值，不然我为什么要去证明什么呢？

李翔：我的意思是，有哪些他讲的点是你非常认同的，而不是单纯的鼓励或者批评。比如我印象比较深的还是大家对话剧烙印的反馈。

饶晓志：我了解。我会有点惭愧，我们明明想要规避这件事情，结果还是没做到。当然我这个惭愧不是对观众的，而是对我自己的。我是想要求自己的，我没有想去拍一个舞台化的东西，或者让人觉得一看就是舞台剧。

还有一些说我们抄袭《致命 ID》的，那让我很愤怒，觉得这种评论特别傻①。也有夸赞的，不然怎么到了 6.8（分）。反正都在看，我挺爱看的，这些年有时候还要去看《你好，疯子》。

有道理的我真的会吸收。但恶评大部分是在攻击你，并不是真的有什么建设性的建议。我现在都记得，"请编剧出门右转看看《致命 ID》"之类的，这种（批评）没有什么意义，根本没有办法让你学到什么。

有中肯的评论，比如指出你的哪儿哪儿（有问题），这种我如果看到了，只感同身受，只要觉得他说的是对的，一定会在心里留下。

当然也不见得是技术上的问题。还有一种我觉得是有用的。有人说你讲了两个故事，本来是一个社会讽刺剧，怎么就演变成了一个心理治疗的过程。这种东西对我来说是有意义的。我们在这种转化或者过渡上是做得不够。在舞台剧上转得

---

① 《致命 ID》是一部美国电影，讲述了发生在一家封闭的汽车旅馆内的连环凶杀案，但在电影的结尾，影片告诉观众，其实所有这些凶杀案的受害者和杀手，都是同一个人的不同人格，一切都是在想象中发生的。

会更自然一些，或者花的时间更长一些。在这个（电影）上面，就拿枪一指，说了一段话——更像舞台剧的独白，把它说完了，好像这件事情就转过去了。可能在这上面是缺少影像方法的。

错误清单

李翔：第一个电影拍完之后，除了情绪上的影响之外，你会去想它可能增强了哪些技能点上的东西吗？

饶晓志：每一次拍完片子都会增强。有一些路你走过一次，至少知道哪儿有坑，摔过了就知道那儿别（再）摔了。再走一遍的时候，或者走相似的路时，你都会有一些规避。这种东西太多了。我可以给你看看，我有一个"错误集"，记录了我犯过的错误。我会把它变成一个提醒，提醒自己哪里会有问题。（饶晓志拿出手机，打开一个文档）

这也算是一种总结。但是我没有时间去总结一二三，只是说这个错是我犯的，我把它写出来，不一定非要形成一个什么正向的理论知识。我只需要看到这个错误。

比如，"不要从近景拍起""想好每个演员，包括群众的情绪连接、上下场关系，细到是否还剧烈喘气、衣服折角，等等"。这是很简单的细节，一看这个我就能明白，但并不是理论家写的那种东西。

李翔：这个习惯是你拍电影之后养成的吗？

饶晓志：不是。在做话剧时我才天天写，因为那时候没有监视器，演员所有表演的错误都是由我记下来的。我看着那个本子，一条一条告诉他们，哪句话的时候你怎么样，都是这样来工作的。只需要点到那句话，我就知道你演成什么样了，那场戏不对。

比如这条其实不是我的（问题），但我都记上了："注意现场布置的反光，如广告招贴等材质。"这明明应该是摄影的事。（饶晓志继续浏览自己的错误文档）

李翔：沉浸在错误之中不可自拔。（笑）

饶晓志：反正一堆这种，只是错误（记录），并不是总结，并不是我想通了。它可能没让我想通，只是说我犯了这个错误，记住了下次不要再犯。

第二部电影《无名之辈》

　　有缺点的小人物、面对命运的无奈、跟命运抗争的决心、对尊严的执着，所有这些构成了这部电影打动人心的力量。

《无名之辈》是饶晓志的反击。

这部电影在 2018 年的 11 月份上映，尴尬地夹在国庆和新年两个重要的电影放映档期之间，却成为当年国产电影的最大黑马之一，从票房和口碑两个角度衡量都是。

确切地说，这部电影是依靠观众的口碑才成为黑马的。刚开始，《无名之辈》在院线的排片并不多，只是随着观众口碑的传播，放映场次才开始增加。最终，这部电影收获了超过 7 个亿的票房。饶晓志后来自己说，是"无名之辈"成就了《无名之辈》。

电影讲述的正是一群"无名之辈"跟命运搏斗的故事，看上去他们毫无胜算，却依靠着对"尊严"的一点执念在苦苦支撑。

其中有想要成为协警的保安，在酒后车祸造成妻子去世和妹妹半身不遂之后，他就生活在愧疚中，希望通过重新成为一名警察来证明他的人生价值；有两名从乡村出来，试图在外部世界寻找自己位置的年轻劫匪，其中一个想要证明自己可以做点大事，另一个的目的则很单纯，就是回老家修好房子，娶到自己心仪的女孩，如果还能剩下钱，可以多买一点女孩喜欢吃的棒棒糖；有经营不善欠下债务被迫出逃的地产商，因为爱上了所谓的"小三"而离婚……

在这部电影上映之前，饶晓志自己也是"无名之辈"，至少在电影圈中如此。

正是带着对第一部电影的不甘，以及和电影中"无名之辈"同样的、想要把尊严拿回来的决心，饶晓志和编剧雷志龙一起写了这个故事。

有缺点的小人物、面对命运的无奈、跟命运抗争的决心、对尊严的执着，所有这些构成了这部电影打动人心的力量。与此同时，这种力量被很好地包裹在娱乐性很强的叙事中。饶晓志在这部电影中寻回了他在导演戏剧时的那种平衡感，也就是他有能力在作品中兼顾娱乐性和思考性，讲一个好故事，同时又让人觉得意有所指。

《无名之辈》让更多的人看到了他。

跟演员过招

李翔：你拍第二部电影的时候，状态有点自如了吗？

饶晓志：有一点，当然会进步，但它依然不够从容，但是肯定比第一部强。

李翔：不够从容的原因是什么？第一部可能因为成本，因为跟摄影的沟通。

饶晓志：还是会有一些类似的问题，每一部电影都会有这样的问题，第一部面临，不是说第二部、第三部就不面临了，（这是）包括艺谋导演也会面临的问题。只不过当你心态够从容的时候，解决它（用的就是）另外一个姿态和另外一些办法。你的经验更丰富了，知道这些东西该怎么解决。没有那么焦虑，不会把自己逼得很紧，你就从容了。

第二部时经验叠加还没有到一定的份儿上，对一些突发状况或者时间周期（的问题），你还是会焦虑，会着急。（比如）天气影响了拍摄的进度，你都会有一些想法。

可能就少了一些跟演员的（问题）。第二部也有同场很多演员的戏，因为以前经历过就会有点经验了。

从容，我指的是，真正在面对那些困难和焦虑的时候，非常淡定地处理掉了，而不至于（被）打个措手不及。对有些事情你是有准备的，或者准备得更充分了，因为你有一些经验的叠加。（但）就算你准备到你以为的百分百，拍起来仍然会出事，仍然会出状况。

李翔：拍第一部电影时有个问题，你刚才讲的在片场导演权威感的问题。你拍第二部电影时会刻意去树立自己权威的形象吗？

饶晓志：我从来不这样。我不会找什么办法，比如故意上来就骂个人，来显示自己是权威。我不会。我也不认为我在拍《你好，疯子》时跟演员之间的交流是卑微的。

第二部，我想通过一些方式去解决一些之前经验上的问题，包括我自己去选了一些主创——当然每一次演员都（是）自己选的。但我不会故意用那种方法（指刻意树立权威）。

比如陈建斌老师在戏上很认真的，他会不停地问你，有时候也会不高兴。但实际上我并不卑微，我们仍然还是平等地在对话。我会很客气，很礼貌，我对演员一向很尊重，对每个演员我都尊重。只不过比如章宇，我可能交流的方式是哥们儿那种，"别闹了，赶紧拍"。但可能对陈老师，"斌哥斌哥"，是这种。他生气了会去敲个门什么的，也会有。

但我并不会故意在那儿发脾气，显得我牛，不会。

李翔：你之前讲每个导演都免不了跟演员有些过招，或者叫交互，它可能是一个矛盾点？

饶晓志：它可以什么都是，可以是成长过程，可以是碰撞火花，可以是利，也可以是弊。它如果是你的弱项，就会成为你的梦魇，但它如果是你的强项，就会成为你创作的帮手。

李翔：有让你印象比较深刻的场景吗？

饶晓志：每天都需要跟演员聊，包括当监制都需要跟演员聊。

李翔：大部分情况是顺利的讨论？

饶晓志：大部分是，但是比如我监制这个片子，导演跟演员过招就不太顺利。

李翔：为什么呢？经验吗？

饶晓志：他经验不足，不够坚定。演员其实是一个容易缺乏安全感的群体。你想，你要当着那么多人在那儿表演，这是一个非常非常可贵的能力。虽然社会上有些人动不动就说戏子戏子，但实际真的是上天宠爱的人才能有这个能力。这个东西真的不简单。他（们）有自信，但他（们）又是脆弱的，缺乏安全感的。缺乏安全感，他（们）就会怀疑很多东西。在这种情况下，导演不够坚定的话，就会给他们一种不安全的感觉。他们就会有疑虑，有疑虑的时候，如果导演没有给出坚定的回答，他们的疑虑就会加深。那他们就会提出他们的解决办法，因为这个办法会让他（们）觉得安全。可是这个解决办法有可能不是导演想要的。

李翔：能举个例子吗？

饶晓志：我刚刚在电话里面解决的问题就是。导演本来安排的是大门一打开，就站着他的女朋友。演员觉得不行，因为他需要一种舒缓。他（是）从一个类似于监狱的地方走出去，他觉得如果一出去就见到女朋友，（出监狱）那个情绪就没法宣泄出来，因为可能看到她之后，就进入下一个情绪了。但对于导演来说，他会觉得女朋友的问题也得解决啊。

我的解决办法是，他出去的时候女朋友可以不站在门口，给他一点时间，让他回头看大门徐徐关上，（在这个）时候把情绪宣泄出来。然后当他回过头去时，他的女朋友就出现在他的视野中。这样就可以解决这个问题。

我转述的已经是简单化后的，之前因为这件事情，他们就沟通不下去了。对我来讲这种事（谁）都没错，有经验你就可以想一个办法解决，没有经验的你可能就想出不来，就是这样。

李翔：我看到李安的一句话，他说如果这个人又是明星，又自己编剧或者做导演，最容易成为另外一个导演的梦魇，是这样吗?

饶晓志:我跟陈建斌的相处还可以。

李翔:没有成为梦魇,是吗?

饶晓志:没有,真没有。至少他的第二部电影[1],我还是他的监制。他跟我合作完,那时候《无名之辈》还没上,又找我一块儿去做他的下一部作品,给他做监制,证明我们处得很好。

李翔:彼此还挺认同的。

饶晓志:对。我自己也没法总结究竟别人为什么觉得你还可以,这可能也是我刚刚说的,那些人想不通的一个地方。

李翔:你会自己主动去网上搜你的名字或者你的电影,去看大家写的文章、评论吗?

饶晓志:会的,这也没什么,肯定会的。特别是在电影上的时候,我肯定会去搜。你又不是明星,平时搜也没有用。但你电影上的时候肯定会有人说,那你就搜一搜微博看看,豆瓣已经给你归类好了,你就在里头看呗。

李翔:锻炼一下心理承受能力吗?(笑)

饶晓志:现在已经非常(能)承受这些事了。

---

① 指陈建斌导演,周迅、窦靖童等主演的作品《第十一回》。

不得志的人的乡愁

李翔：你之前采访里面经常提，开始就是因为听尧十三那首歌《瞎子》，触动了你要拍这个电影的念头。这是真实的原因吗？

饶晓志：是真实的，飞机上听完回来，我就找雷志龙，说要搞一个（电影）。

李翔：你认识他吗，尧十三？

饶晓志：我那个时候不认识他，现在当然认识。

李翔：就是因为拍这个电影？

饶晓志：对，我那个时候不认识他，只是知道他。实际上这首歌也是章宇给我听的。我本来在听他另外一首歌，说有一个贵州的（歌手）特逗，唱的一首歌还莫名带着忧伤，叫《寡妇王二嬢》。章宇说他另外还有一首叫《瞎子》，更忧伤。我一听更好，也不知道是不是忧伤，反正就觉得很好听。我不知道尧十三当时创作时（的想法），也没问过他，不一定他就是奔着一个什么结果（去写的），只是在我们听来变成另外一个境界了。

李翔：它对你的触动点是什么？

饶晓志：就是那种离别的情绪。他本来就是根据《雨霖铃》改的，只是把它贵州化了[①]，把里面描述的场面用乡音唱出来。可能是那个时候（我）没那么得志，也可能是喝了点酒。是爱丁堡戏剧节，章宇跟我去演出，演出完了之后，从伦敦飞回来，把飞机上的酒都喝到空姐不给我们了，而且我当年特别恐飞，属于（飞的时候）就要喝。我们两个酒量又大，在那儿喝，听那首歌，听着听着就代入了，画面就出现了。其实还是乡愁的东西突然一下子（浮现），有一种不得志的人的那种乡愁。你能理解吗？还不是纯粹的乡愁，可能更准确来说就是我刚刚这种形容：不得志的人的乡愁。

李翔：我也在想这个事情，为什么你会把这个电影的主题定义为乡愁？

饶晓志：因为它有一种离开后你其实没有取得什么（成就的感觉）。你挣脱一个地方，本来是想要……

李翔：衣锦还乡的，是吗？

饶晓志：对，你当然是有这个期待的，不然为什么呢？实

---

① 尧十三的《瞎子》是用贵州方言改写自柳永的词《雨霖铃》。比如柳永著名的词句"执手相看泪眼，竟无语凝噎"，尧十三用贵州话改为"我拉起你嘞手看你眼泪淌出来，我日拉坟讲不出话来，我难在么我讲不出话来"。

际上我没有什么特别"故乡"的概念，我记忆中的所有学校全都变了，这是一个非常遗憾的事情。中央戏剧学院东棉花胡同那个地方还在，但是它也搬到了新校区，搬到昌平去了。实际上念中戏，我也没怎么在那个棉花胡同待过。所以对于我来说，我的所有学校现在都大变样了，要不然就迁址，要不然就在原有的基础上拆了重盖。我脑子里存在的画面，现在已经找不到地方去对照。

李翔：你怎么知道它们全都变了，是专门去看过？

饶晓志：全去过。有一段时间我很想念我小时候长大的那个学校，我并没有在那儿念书，只是住在那儿，（但）我去那里，那里也变了。

当时我住在中学，我念书的小学在半山腰，要爬一点坡才能去。那个小学早就不存在了，（我去的时候）是一片荒地，这几年不知道成什么样了。到中学去，中学已经搬过一次。再到县城的小学，也都不在了。我们成长这些年，中国的变化天翻地覆，特别对一个小县城来说，虽然看起来发展不大，但变化很快。几乎我的所有学校，包括我在贵阳上的艺术学院，现在都没了。

但是，越到年纪大或者脆弱的时候，（这种故乡的缺失）反而会越让你想起那些东西，你会粉饰你的过去，你觉得当年你也是"从前的那个少年"，你也会有那些东西。再加上有些面孔确实比较生动，我觉得这边人的面孔、西南地区人的面孔，挺生动的。反正就是乱七八糟想了一大堆，就想做这么一个东西。

李翔：你下了飞机去找雷志龙，当时已经有这个故事的轮廓出来了吗？

饶晓志：情绪出来了，不一定是轮廓，轮廓我们还在聊，就情绪出来了。

李翔：你怎么跟他讲的呢？不得志的乡愁，怎么表达出来？

饶晓志：没有，我只是回来了，跟他聚会。我并没有下飞机就找他说，我要做一部电影。过程应该不是这样。我们就是坐在那儿喝东西，吃串，我说那哥们儿太棒了，我听哭了。（于是）大家都在那儿听，一遍一遍听，听着听着就开始说，做一个什么东西吧。我就把那种感觉跟他说，我们开始聊自己的小时候，聊自己的亲戚，聊自己遇见的那些人，就是这样。

因为这个东西太电光石火了，可能就是一个刹那的事情，所以具体怎么一步一步成型的，没法还原。

把尊严拿回来

李翔：你在《无名之辈》里面反复在强调"尊严"。

饶晓志：对，尊严实际上是证明自己。因为那时候我跟志龙应该都算是不得志，可能会对小人物、普通人有一些感同身受，会有一种当时的感悟，所以我们构建的那些人也有。

李翔：包括里面章宇说，要去把尊严拿回来，"可以抓我、判我，为什么要恶搞我"，这是《你好，疯子》的创伤后遗症吗？

饶晓志：我不知道是不是可以这么说。这场戏就是我让志龙写的，我们一块儿写的，（但）是我的点子。我觉得到那个时刻，我们就希望他崩溃。当时就是为了达到一个戏剧目的，就是任素汐演的角色那边要失禁，（章宇）这边要崩溃。他们应该是同步的，不然我没法在一天（之内）建立感情，让两个陌生的人从这么对峙的一个关系，变得惺惺相惜。所以那是个任务。

但我确实有时候会看那种（恶搞视频）。比如大力哥，他被抓进牢房里，出来后接受采访的时候说，不要再说我这些事了。人家也有尊严的。包括后面偷电瓶车的广西小伙子出来，也说不想再说当时的那些事了，就是讲"打工是不可能打工的"那个小伙子。事后这些当事人肯定还是羞愧的。[①]

李翔：对尊严的理解就是免于大众舆论的评价吗？或者应该是什么？

饶晓志：肯定不是，比如一个小人物，能有什么大众的评价？他只是（想）免于被大众这么理解，或者说你怎么能这么误解我呢？老子是要当英雄的，你怎么能这么来说这个事呢？老子是犯法了，你们弄我、枪毙我都可以，但不能在这件事情上恶搞我。

其实，公众认为一个作品（应该什么样，）不应该什么样，这种判断，我现在已经习惯了，但在当年可能会觉得，"你们可以说这个作品不好，但不能怀疑我做这个作品的诚意"。

说白了，你可以认为，那种攻击，比如说我抄袭或者（说电影是）烂片，当然对拍第一部的我有打击。但尊严对于我来说，肯定不只是免于公众的评论。不是说不攻击，我就有了尊严。尊严太大了，我觉得是做人的一个基本要求。

---

① 饶晓志这里讲的是两个在网络上因为恶搞言论而走红的小人物，曾分别因持刀抢劫未遂和盗窃电动车入狱，他们的一些视频流传很广。

提醒自己冷静

李翔：电影公映之后，你自己会去电影院看吗？比如看大家的反应，会吗？

饶晓志：以前会。今年《人潮汹涌》我没来得及去看，因为我天天都在忙，都在"打仗"。我一直在跟助手说，我们干脆哪天在重庆看一下，快下线了。我一直想去看一遍。

李翔：你的意思是前两部都去电影院看了吗？

饶晓志：都去看了，《你好，疯子》跟《无名之辈》都看了。实际上那时候路演多，有时候到早了，我真的会坐在下面陪着观众一块儿看。因为《人潮汹涌》疫情期间没有路演，我那时候又天天在"打仗"，所以就没有去看。

李翔：自己买票去看吗？

饶晓志：对，买票去看，我有一次去看《你好，疯子》，进去的时候还碰到我同学坐在前头。

李翔：你自己买票去看的目的是什么？看到真实的反馈？

饶晓志：对，某种意义上是。其实就是为了去体验一下，跟观众一块儿看，看他们哪儿不舒服，或者哪儿没有达到（目

的)。但有时候也是纯粹享受这种感觉。我们做剧场的太享受观众的反馈了，我们喜欢即时地收到观众的反馈。

李翔：电影反馈（时间）就有点长。

饶晓志：所以你只能坐进去，才能跟他们一样。

李翔：会聊、会问吗？

饶晓志：路演会问。

李翔：《无名之辈》上的时候有个采访，你自己讲你当时心里想的是不要赔钱就行了。

饶晓志：对，你要说我希不希望它挣钱，希望的，我希望它（挣）好几个亿。（笑）

李翔：希望大卖。

饶晓志：但是不敢说。事后总结（时）我说过两亿就好了。两亿不就能挣点钱了吗？我觉得够了。（当然）后来它卖得好了。（但）我当时心里想的是两个亿。

李翔：等它成为黑马之后，你的反应是什么？

饶晓志：强作冷静，或者（叫）提醒自己冷静。

李翔：压抑内心的狂喜吗？

饶晓志：其实没到狂喜，真的，之前我也提过，我们过 4 亿，就坐在那儿吃了个饭，连酒都没喝，我们平时还要喝酒。但也不知道为什么（那天就没喝），好像有点刻意的冷静。

有时候你反而要反过来想想，提醒自己，不要过于（高兴）。我们都开始聊之后的事了。电影就是这样，包括《人潮汹涌》卖得不好，至少不如预期好，（但）我们已经开始做下面的事情了。这才是自如的状态，越来越自如是这个意思，而不是说我这会儿还在盯着票房。

李翔：不会刷下手机看看排片是不是上来了？

饶晓志：我也看，今天我也会看。有一阵儿居然超过《阿凡达》了。（笑）

李翔：《无名之辈》最后你专门有一屏，"感谢与拥抱"韩三平、郭帆、林海，他们是怎么帮到你了呢？韩三平是电影行业非常资深的一个前辈了。

饶晓志：韩家女（韩三平女儿，《我不是药神》编剧）是我们的投资方，三爷（指韩三平）也决定投这个片子。我有一次在贵州片场，三爷还专门给我打了个电话，说他看完剧本有什么想法。郭帆是我的朋友，我就想感谢他，他后期也来看我剪辑，也会给我出点主意，调色也会过来帮我看看，属于这种。林海是被我删掉的演员，他演了一个角色，被我活生生地把整条线全部都删了，所以必须拥抱他，感谢他，那是对他付出的一种感谢。

每一次长一点点

李翔：第二部电影之后，是不是对自己作为导演就更自信了？

饶晓志：那当然了，没什么必要过于妄自菲薄，但是也没有觉得自大。我真的没有自大过。

李翔：它跟第一部结束之后，那种感觉是完全相反的吗？

饶晓志：对。但是充满感激。真的是充满感激，对观众、对喜欢这个电影的人，觉得观众这么给力。我们是个逆袭的片子，并不是上来就牛的。第一天都觉得完蛋了，（只）卖了900万，当然肯定比《你好，疯子》强，《你好，疯子》第一天才多少，但是仍然觉得不行，完蛋了。

李翔：你会比较绝望吗，如果第二部还这样的话？

饶晓志：我已经做好准备了，我说过我一定会去预设一个局面——当然我仍然会去努力。我想说的是，圈中的很多人其实已经看过《无名之辈》这部电影了，上映之前就已经有很多公司想跟这部电影合作。顺便他们也已经看到我了。（所以）哪怕没卖好，我也知道我肯定会比《你好，疯子》走得再往前一些。我相信不会再是零星的人来找我了。

李翔：就是即使它票房不好，你也更进一步了，会有更多人来找你。

饶晓志：对，至少我预设的结果是这样。它（票房）可能不好，但是我通过它又证明了自己的能力，（能做出）还不错的东西，可能也会有人来找我。（毕竟）在那之前就已经有人在找我了。

李翔：第二部电影你扮演的角色主动权就更大了一些，它的表现是什么，跟第一部相比的话？

饶晓志：主要还是制作周期什么的要更宽松一点，或者自己说了更算一些。团队当然也是一个重要的事情，因为都是自己找来的，像声音指导是我上一部合作过的，也比较熟悉。然后对一些工作也比较游刃有余。每一次真的就会长那么一点点。

李翔：第一部电影的演员也全都是你自己定的吗？

饶晓志：对，定演员都是我自己定，这是一个非常重要的权力，我不认为是可以妥协的。

李翔：投资方不会指定吗？或者比如说希望谁来演？

饶晓志：我们会商量，不是说我一言堂，但是定就得我定。比如投资方说这几个都可以，那我就选一个。

李翔：像陈建斌、任素汐、章宇，都是你提名的吗？

饶晓志：都是我一个一个去找的，我提名的，坦白说投资方也得同意。如果说非得打起来，肯定大家都不好受。他们也都同意。

李翔：像这三个角色，你是怎么选的？你会按照剧本里面的角色去找，就是写的时候已经想好了谁适合演这个，会这样吗？

饶晓志：写的时候我们就觉得陈建斌挺适合的。我跟老雷就聊，说（这个角色）适合陈建斌。素汐也是早就定了，写的时候就觉得是她。

李翔：基本上就是为你量身定做的，会有这种感觉？

饶晓志：对。其他像章宇会经历一个探讨（的过程），因为他那时候还没红，肯定（其他人）会有一些意见，但基本上我们都谈得比较好，比较顺利。我说行，他们也觉得可以。

李翔：他挺帅的。

饶晓志：是。

李翔：你在贵州的时候认识他吗？还是在北京认识的？

饶晓志：第一面应该是北京见的，属于师弟跟师哥报个到。（章宇是饶晓志在贵州大学艺术学院的师弟。）

李翔：这部电影里面你认为哪些场景是你比较得意的，自己觉得还挺牛的或者挺满意的？

饶晓志：这部戏充满了极致的情境。它把人物的矛盾冲突也用更极致的（方式）放进一个极端的环境、极致的情节里。它的戏剧性很强，实际上是我们擅长做的。你要说我喜欢的场景，还挺多的，比如陈建斌隔着门跟素汐的对话。当然也包括前面提到的那边失禁，章宇这边被恶搞视频刺激。

正因为这些东西挺多的，我反而更喜欢陈建斌买李子那场戏。他在那儿跟大妈很随意地聊了几句，就把自己的一些故事都说完了。

李翔：我有印象，买完李子还拿了人家一个鸡蛋是吧？

饶晓志：对，这是一个场景，反而变成了我觉得很有意思的一场戏。

"皮儿很厚"

李翔：你思考过为什么《无名之辈》的结果跟《你好，疯子》非常不一样吗，无论是口碑、大家的反馈，还是票房？

饶晓志：其实就是共情点，《无名之辈》更能够让现在的观众共情。而《你好，疯子》可能这种共情——比如那么多的自我告别——没有翻译清楚，它的皮儿还是厚。我们讲的是，我们不只是在跟自我告别，也是在跟过去告别，跟你小时候的经历、跟你的哪个阶段告别。有时候有些人是你的（一个）阶段，比如你喜欢的偶像，你在跟这些人告别，或者他们从你身上脱落，最终你成了一个（成熟的）人。当然还是因为想讲的很多，所以它就变得皮儿很厚，什么都想讲一点，包括说（不同的）自我组成一个人，（不同的）人又组成这个社会。因为这些东西太厚了，就跟观众之间产生了距离。

也有人把这个戏当成特别牛的神作，也有感同身受的观众会给我发信息，发私信，或者在豆瓣上写出特别夸赞的评论，也会有。

但实际上对于普通的观众来说，他的共情（点）是达不到的。他会把它当成一个精神分裂或者人格分裂的电影去看，不会觉得这些跟我个人有一个什么样的直接关系。而《无名之辈》（的共情）就是所有人都是"无名之辈"，这其实并不是一个很难 get 到的点。甚至很多人都觉得自己是毫无尊严的。只是对每个人来说，尊严是不一样的。有的人体面地上厕所是尊严，有的人能吃两个馒头是尊严。但这些东西会让人的共情能力更强。

李翔：你上次说皮儿很厚，是你讲第一部话剧时，是改编皮兰德娄时。

饶晓志：对，（当时）也一样。我每一次面对第一次的时候，都是那么犹豫。

李翔：皮儿很厚？

饶晓志：可能有点自己坚持的东西，又有点想要妥协的东西，所以就犹豫，犹豫就造成了两头都不靠。可能是在同一个事情上摔了两次。

你看我总结改编皮兰德娄那个事，肯定是现在总结的，而不是拍《你好，疯子》的时候就总结。如果我那时候就能总结（出来），应该拍《你好，疯子》时就不会那样。

李翔：皮儿很厚的意思就是它不够直接吗？铺垫很长，不够直接？

饶晓志：它不够直接，就让人 get 不到，它的共情点不（够）高，让人感同身受的地方不足，不能（让人）一下子代入自己。看的好像是一个精神病人的故事，那为什么就一定是我呢（指代入自己）？我觉得是这个。我们讲故事的方法，我们的结构，都让人不能完全由心地去体会到这些东西，我觉得这就是皮儿很厚的意思。

第三部电影《人潮汹涌》

它证明了饶晓志在《无名之辈》上的成功不是偶然。

饶晓志的第三部电影《人潮汹涌》找来了刘德华，挤进了春节档，但是第一天的排片和票房却在春节档的一众电影中排在末位。

2021 年 2 月 12 日凌晨，也就是农历春节大年三十刚刚过去，饶晓志发了一条微博说："我们终于垫底了。[①]"熟悉的挫败感再次袭来。

《人潮汹涌》是一部翻拍片，原作为日本电影《盗钥匙的方法》，后又翻拍了韩国版，名为《幸运钥匙》。让饶晓志惊讶的，首先是一些评论对翻拍这件事的"偏见"。

在戏剧界，对于名作的改编和重排是常见的事情。他自己就曾改编过皮兰德娄的一部戏。用他的话说，如果没有改编和翻排，"好作品成不了传世之作，我们也不会认识莎士比亚、契诃夫等大师""好

[①] 微博全文：我们终于垫底了，这是初一的第一个消息，看到这截图反而踏实了，既然已经到了最底谷，我想应该没有比这更坏的消息了。开局已然如此，那就再拼一拼，有一分希望就拼一分，最坏也不过如此。哀兵必胜！

的故事让更多的人看到，这就是翻拍（改编）最简单的意义"。

这个被亚洲三个国家导演讲述的故事有两个主角，其中一个是在社会食物链顶端的职业杀手，另一个是在社会食物链底端的群众演员。

杀手在一次事故中失去记忆，和演员互换了身份。因此，在杀手找回自己的记忆之前，他们也互换了人生。杀手住进了演员脏乱差的出租屋，努力在片场扮演好各种匪兵甲和路人乙；演员住进了杀手的豪华公寓，接受了客户委托的新订单。用饶晓志的话说，是大灰狼和小白兔互换了身份。

电影的戏剧感和冲突感就在互换身份之后两个人的不同经历中呈现出来。杀手沿着群众演员的道路不断向上攀爬，找到了一些职业成就感，也收获了爱情；而演员则搞砸了杀手的新订单，惹祸上身。最后，寻回记忆的杀手出面为两人收拾残局。

电影讲述的是一个经过考验的故事，延续了饶晓志一向的幽默风格，并且有颇具人气的演员加持，但是，却仍然在刚刚上映时排片垫底。饶晓志的反应是通过微博公开呼吁："希望院线方能再给一些些的机会，在现有的场次上挤一两场黄金场给我们，或者不要完全砍掉我们的场次。"

听上去似乎有些悲情。不过，结果证明，《人潮汹涌》确实值得院线给它一个机会。

接下来，《人潮汹涌》重演了《无名之辈》的路径。同样是随着电影的口碑逐渐传播，排片和票房数据逐渐上升。到春节档的末尾，《人潮汹涌》的排片已经上升到了前两位，票房也超过了 7.6 亿。

《人潮汹涌》证明了饶晓志在《无名之辈》上的成功不是偶然。

翻拍的挑战

李翔：你是怎么选定拍摄的主题的？我看到采访里你说，翻拍《盗钥匙的方法》，是因为史航带着版权方找到你了。但是我相信应该有蛮多来找你的吧？想让你拍这个，想让你拍那个。所以你是怎么选定拍摄主题的？

饶晓志：就是《盗钥匙的方法》本身有满足我恶趣味的地方，这个表演本身是我的趣味点。这种奇观感和童话感，实际上对于做戏的矛盾、冲突，是比较巧的一种方式，这是它好的一面。当然我也熟悉类似的东西，我之前提到，我写过《爆胎》，有这种交换（身份的设定）。可能 2007 年没有做成，所以 2019 年看到它的时候我有一些冲动，就认为这个有点意思。

李翔：有似曾相识感？

饶晓志：就是那种对话感。但这种事都是现在总结，并不一定是那时候我就觉得我要跟 12 年前的自己对话。没有那么复杂的人，哪有一天到晚这么总结自己的。

李翔：看到《盗钥匙的方法》的时候，你会跟他们反馈，12 年之前有一个类似的剧本吗？会讲吗？

饶晓志： 我忘记我有没有跟版权方说过这个事，只是我们现在总结，总结的时候我会去想。

李翔： 之前你看过日版跟韩版电影吗？

饶晓志： 找到我之前没有，是拿过来之后我才看的。而且他们跟我讲这个故事的时候，我应该没有立即产生这个故事跟《爆胎》很像（的念头），没有那么去想。

李翔： 翻拍的挑战是什么？

饶晓志： 最大的挑战就是本土化的工作。因为人家的故事是有人家国情、人家民族性的。最大的（挑战）就是，大家相不相信这是一个发生在中国的故事。实际上，像杀手这种故事本身就不适合发生在中国。在过往的观影经验当中，中国人最喜欢的还是现实主义，真的。而（这个故事）是人家的现实主义，不是我们的现实主义，我觉得（挑战是）怎么把它做成我们自己的东西。

2007年的时候，我就称呼《爆胎》是"都市童话""成人童话"。（所以）这次就把《人潮汹涌》做得比较童话。包括光影，我故意做得比较童话感一些。但它又有点接地气，是一个低空飞行的感觉。因为如果做成一个现实主义片子，好多东西根本不成立。

李翔： 你们在做本土化的时候有好的抓手或者原则吗？

饶晓志：口音就是我的抓手之一。

李翔：晖姐的口音①吗？

饶晓志：包括华哥的口音，包括万茜的口音。那就是我的抓手之一。如果像模像样地说普通话，它可能就没有那么生动了，可能会让人觉得假了一点。

当然更多的还是还原人物本身，去掉一些 bug，因为日版有些国情不一样，放在我们这儿，我还必须解释身份证的问题，还必须解释各种各样可能会泄露（实情）的问题。因为实际上在中国没有身份证是寸步难行的，有好多事还是得做一些设定。

至于杀手本身，当中也会出现在做的时候让我并不满足的地方，比如我更希望陈小萌（即片中肖央饰演的群众演员角色）当了杀手，真的去做一些杀手的事情，但是我做不出来，会担心很多事。

李翔：日、韩版里面他也没做杀手的事吧？

饶晓志：做了。

李翔：做了吗？

饶晓志：做了，日版没有，但韩版他好像做了一些事。实际上如果他真的去做点杀手的事，哪怕只是假装，它可能是更猎奇的一个故事。

---

① 《人潮汹涌》中演员黄小蕾饰演的角色晖姐是一个买凶杀人的火锅店老板，她说自己不喜欢讲普通话，始终讲重庆话。

"翻译"好故事

李翔：你解释为什么要翻拍，说翻拍是让好故事被更多人看到，对你自己而言，你有什么想去重新阐释或者重新"翻译"的故事吗？

饶晓志：戏剧上会有很多，经典的那些，像《理查三世》《等待戈多》。电影也会有，有时候看到一些电影，会想拍一个中国版是什么感觉呢？以前我会想《狙击电话亭》（美国犯罪惊悚片），觉得很好看，为什么不可以再拍一下呢？还有像韩国张镇导演的《杀手公司》，我真的很喜欢那个电影。有好多东西我都觉得真挺好的。我没有什么顾虑，因为我们做话剧就没有顾虑，一而再，再而三地排一个作品是司空见惯的事情。今天你排《等待戈多》，明年别人又排《等待戈多》。

李翔：你对原创故事跟改编故事之间的选择是没有任何心理障碍的？

饶晓志：因为都很难，对我们来说都是在原创。既然已经有那么多版本了，你必须有自己的东西。（原创和改编）都不是简单的事情。就翻拍《人潮汹涌》（来说），它不亚于原创，因为概念就是一个壳，当然有一些设定我们觉得好的要留下，但 80% 都是原创的。所以我不排斥（翻拍）。

李翔：日版跟韩版里面的反派都是男性，但是你改编的版本是一个拒绝讲普通话的（女）火锅店老板，这个想法怎么产生的？

饶晓志：这其实就是趣味。有时候是阴差阳错的事。我本来想好了演员，是个男的，可是他来不了。我找了别人，别人也有点问题，也来不了。适合的都来不了，但这个火锅店老板肯定是一个设定，后来我说我自己来吧，投资方说不行，耽误精力。

好像是摄影师跟我说的，可以是个女的，我就觉得那就女的！当时就定了。我不是一个很纠结的人。小蕾来了我觉得挺好的，及腰长发来了就被我剪了。后来就觉得很对，很有意思，就这么变了。说白了我就是喜欢那种童话感，喜欢那种稍微低空飞行一点的——好像是在我们熟悉的生活里，但又发生着一些荒诞的事情，我喜欢那个感觉。

李翔：你有看到那个评论吗？"人潮汹涌，感谢遇见你"。晖姐应该感谢自己遇见谁？（笑）

饶晓志：看到了。晖姐基本上是（电影）里头唯一不说谎的一个人。（电影里）每个人都是说谎的，包括孩子。说谎实际上是现在很常见的一件事情，谎也分所谓善意的谎和恶意的谎。我们本来有一个彩蛋是讲，人生想要不紧张、不害怕只有一个办法，小孩就问华哥是什么。华哥说：诚实。

李翔： 晖姐是电影里面唯一不说谎的人。

饶晓志： 对。

李翔： 但她是个反派。

饶晓志： 她只是这个故事里的反派。晖姐后面其实有一条爱情线的。有一场戏，她和那个喜欢她的男人唱着歌，然后说这件事算了，不计较了，这些事情就让它随风去吧，我们回乡下去。结果刘德华扮演的角色就出现了，因为他误会晖姐绑架了他女朋友的儿子。本来是这么一个设计。晖姐觉得我都不计较了，你还要追着我骗我。

李翔： 为什么没了呢?

饶晓志： 因为时长。

李翔： 时长是个限制。

饶晓志： 对。

对于电影的种种约束

李翔：时长的限制对电影意味着什么？

饶晓志：意味着没有约束的自由不是自由。我觉得应该是有约束的，这是好事。但是另一方面我们现在越来越不能承受太长的了，现在是短视频时代，不知道为什么大家对稍微长一点的电影就受不了。包括前段时间《指环王》重映都被打一星，说太长了。

李翔：未来电影院可能有设定，可以倍速播放。

饶晓志：这就是商业化给你的标准。

李翔：但是施奈德导演版《正义联盟》四个多小时，大家还是看了。

饶晓志：那是在网上，而且那个偏影迷向，普通观众依然不会看。其实在你的认知里，包括很多年轻导演那儿，偏向的依然是影迷向的观众。这种观众并不是票房里最重要的组成（成分）。这些认知都是一步一步建立的。对我来说，不是说我今天坐在这儿侃侃而谈，好像我对观众认知多强，而是我的经验，包括经历了票房对我的洗礼，才让我有这个认知，才能说出这样的话。有些人根本不会去豆瓣上说一句话，他仅仅是买了一张票，看了一个电影，出去就忘了。

李翔：7个多亿票房，平均票价30块左右，相当于有2000万到3000万人到影院看过这个电影。

饶晓志：对，算下来人次是这样的。豆瓣上参与打分的也就20多万人，《无名之辈》有80多万人。

李翔：你对观众的这种认知，一方面是基于票房的反馈，另一方面是通过跑院线来建立的吗？

饶晓志：还是通过票房吧。跑院线，那个交流很短暂，不像话剧的演后谈。我们话剧经常谈得火药味特别浓，谈得差不多主创和观众要打架了。电影都是走马灯似的，每个厅二十分钟左右，谈不了什么东西。而且观众但凡站起来发言的，不是说不真诚，而是愿意站起来的，还是以一个夸奖你的状态在跟你聊天。其实商业片真的就是看票房。

李翔：营销公司或者宣发会去分析你们典型的观众是什么样子的吗？互联网公司叫用户画像。

饶晓志：有的，我的电影就老被宣发公司吐槽用户画像不清晰。（笑）

李翔：你会就电影的时长跟人产生争论吗？导演是不是都希望时长长一点？

饶晓志：导演也不是说都希望时长长一点，是有时候我们得不到充足的表达，就特别希望再给我一点时间行不行，给我几分钟也行。但是有时候宣传发行这边，时长低于 110 分钟和高于 110 分钟，排片区别大着呢，（低于 110 分钟，）一天（就）可以多排一场。这就是很现实的问题，多一场就是多一场的产出。

李翔：时长这个事谁说了算？发行？

饶晓志：坦白说现在是我说了算，但是你不能完全视别人的意见于不顾。而且跟档期也有关。如果《人潮汹涌》不是放在春节档，我有胆量放到 130 分钟，我觉得没问题，而且对我来讲是舒服的。但如果是春节档，我（就）得想想。

李翔：预算对创作的限制大吗？

饶晓志：当然是大的。预算就是给你一个约束。但我觉得没有约束是不行的，既然是一个商业化行为，当然有这个义务去遵守。如果说预算很充足，你就可以多拍一些时间，在现场的时间不至于那么紧凑，可以多一点时间思考，多一点时间跟演员排演。

所以导演是要会管理的。除了能力问题，还得（进行）时间管理。今天制片给你的任务，比如说你要拍 20 个镜头，有可能只拍了 10 个，那你明天任务就重了，你怎么分配这些资源。包括你跟演员在这儿聊戏，到什么程度要迅速决断，因为你的时间卡在这儿，太阳一会儿就过去了，你不能老在这儿聊。

李翔：对电影的约束除了时长、预算，还有什么？

饶晓志：周期，预算决定周期。电影就是一个有倒计时的活儿。约束太多了，身体也很重要。你还得身体好，能天天熬。我刚熬了五个大夜，每天到早上六七点钟。

李翔：你熬夜干什么？

饶晓志：拍夜戏。多了，真的，每一种元素都能够影响你。哪怕中间碰到点天气问题，也能让我很焦虑。比如我拍《无名之辈》，本来那座大桥上的戏我只计划了一个星期，结果因为下雨拍了 15 天。我就会焦虑。

李翔：像这些约束，跟你之前一直讲的自如的状态，矛盾吗？

饶晓志：这个对我来说不叫不从容。这个东西已经定在这儿了，你不能因为这个郁郁寡欢。从容是另外一回事，我指的从容是在现场的整个交流、协作、创作的氛围。实际上包括天气，或者别的事情，没有哪个戏是一帆风顺拍下来的。

李翔：如果我是一个导演的话，我一定追求的是随着我越来越厉害，调动资源的能力越来越强，约束就越来越少，是这样吗？

饶晓志：我觉得我现在应该不是追求约束越来越少，而是追求匹配的资源越来越合理。我并不是希望你给我一年时间拍这个片子，如果我提出要你给我一年时间，是我真的觉得它需要。

反过来说，这也是一个导演应该具备的能力和义务。有句话是拿人钱财替人消场，消场的意思就是把这场拍完。这场拍完了，统筹在上面会画一笔，这场（就）没了，这叫拿人钱财替人消场。

打一场"逆风仗"

李翔：你在微博上呼吁多一些排片，是你个人决定做的还是团队让你做的？

饶晓志：我个人决定做的，我不是那么容易放弃的人。

我初一晚上就发过。预售垫底了，当然谁都会期待奇迹，我也是。初一一早就去撸铁了，初一的酒店，那个（健身房）小哥看见我早上 8 点钟就出现在那里，肯定觉得这个人真是励志。我进去在那儿练了一个小时，出来一看还不咋的，就开始工作了。我整整三天没有出酒店，就在房间里打电话，开会。公司的好多人都不好意思给我发信息，群里都没消息。初一晚上我发了个红包，说不用担心，顺风仗要打，逆风也要打，现在就是打逆风仗的时候。虽然在跟他们讲，但我也是在鞭策自己，要扛起来。因为我觉得那种 down 的情绪是特别容易传染的。虽然我的公司跟宣发团队没有什么关系，但我必须站出来跟宣发团队一块儿干这件事情。

李翔：为什么排片会这么少？它就是一个规则的产物是吧？

饶晓志：就是预售不太好。你要说预售为什么不好，可能营销没有做好，点没有做对。你要说点为什么没有做对，又会说你片名不够直接。你要说片名为什么不够直接……其实它是一个拧在一块儿的东西，每一次都这样。再加上本身我也没有什么热度，我这方面的体质很弱，我也说过，我就属于没有热度的体质。

李翔：但演员都挺有热度的。

饶晓志：到我这儿就不热了。

李翔：下一部片子怎么办，还要打逆风仗？

饶晓志：下一部片子肯定不能再去做这样的事情，我的意思是，我肯定要用100分的力气让下一部片子不要再陷入逆风仗这个（境况）。《无名之辈》的时候我的努力没有《人潮汹涌》多，因为《无名之辈》起势还是很快的，而且它真的纯粹是观众给帮忙，观众认可那个（电影）。

这次我想说从团队、从各方面，一定要努力正向地去做这件事情。所以那个时候我是在那儿扛，至少不能让宣发团队的人觉得我也低落了，我也觉得这事完蛋了。不行，不能完蛋。因为我知道它不会那么糟糕的，只要观众但凡进去（看了电影），就不会那么糟糕。我们只是输在了进去的原动力上。

李翔：你连原因都没找着，下一部片子很有可能还这样吧?《无名之辈》开始也是排片少。

饶晓志:原因我们找到了,要真说原因,不就出在那儿吗?出在院线对你不够相信,影院对你电影不够相信,观众对你电影不够认知,你的热度不够,你的宣传、营销这件事情没做好。

但是反过来说,营销也会觉得你这个电影的点不够直接,你的片名也有皮儿太厚的可能性——又是皮儿太厚。但现在你说我能不能拍个《人潮汹涌2》?我们这么费力地把这个事情做到现在,我觉得这个片名已经可以了。每一次都这样。以前《无名之辈》,有人就说片名不行,后来又都说片名好。

我觉得最重要的就是输在了营销点没找好,或者说没有让观众真的看清楚我们是一部什么样的电影。不是观众都觉得挺搞笑的吗?那(开始时)实际上没有把幽默这件事情说清楚。但不能这么武断地去指责,不能说就是营销的问题,我觉得对它不公平。

李翔:电影最重要的营销点不是你定的吗?

饶晓志:实际上是大家一起探讨(出来)的。我没法去定一个营销点,因为我还不是一个成熟的营销专家。

李翔:这两部电影的名字是怎么定的,《无名之辈》和《人潮汹涌》?我其实都觉得挺好的,因为感觉名字特别想表达一个什么东西。

饶晓志：都是我定的。《无名之辈》是别人想了一个叫"无名小辈"还是"无名鼠辈"，我说叫《无名之辈》比较好，有这么一个过程。

《人潮汹涌》写剧本的时候我直接就定了。现在好多人都说这个片名不行。

李翔：你认同吗?

饶晓志：我不能说我已经完全认同了。

刘德华和群众演员

李翔：这部电影刘德华、肖央、万茜扮演的三个角色，你在写剧本的时候就会去想谁来演合适吗？

饶晓志：对，就已经开始有那个想法了。但是我们不能这么去想这个事情，我们也需要被演员挑选，不是只让我们挑选演员。（所以）我们也会准备几个演员（人选），只是说谁是第一人选，或者说我们从谁问起。不能一次性发出一堆邀请。

李翔：是，万一都答应了怎么办。

饶晓志：是这样一个过程。

李翔：互相匹配的。

饶晓志：人家时间、档期 OK 不 OK，等等。

李翔：他们难说服吗，你的几个主角，刘德华、肖央、万茜？

饶晓志：万茜还好，我在写（剧本）的时候就已经打过招呼了，因为我们很熟。肖央就是档期问了一下，后来觉得也还好。华哥的档期比较紧张，一直在等待他的答复。他曾经跟我说过没有档期了之类的。但我仍然说，要不然还是继续努力努力。最后他又说有一个档期是在什么时间，你们行不行。我们当然行，因为华哥是第一人选，正因为有他，这部电影才会变得不一样。

实际上这个电影我从一开始就知道，它的故事就是那么一个故事，并没有什么特别大的新鲜感，但是我要做的那种（感觉），是需要华哥的，有华哥我才能做到现在的一种奇妙感受。对我自己这个创作者来说是这样。

李翔： 让刘德华去演群众演员，他的感受跟你的感受分别是什么？

饶晓志： 从真正的接受程度来说，他不会觉得有什么难的。而且他也不是没有经历过这种阶段，他也当过群众演员。就像他自己接受采访时说，他好像回到了 25 岁，要去做那样的事情，或者在剧组里有一些经历，好像是回头经历了一些自己当年经历过的事情。

李翔： 大家都会觉得刘德华太不像群众演员了，往那儿一站就不是群众演员。

饶晓志： 那是因为有光环，但华哥其实以前就是（群众演员）。也有很多群众演员很帅的。

李翔： 如果做思想实验，跟《人潮汹涌》的设定类似，让你跟另外一个人交换身份或者人生，你会有想要交换的人吗？

饶晓志：没有。因为我还挺爱自己的，那句话叫"再不堪也是我"。我其实说过，我之前会做倒推，倒推到哪个时间节点，我们做了不一样的选择，我们的人生会是什么样子。但现在有了孩子之后，你就不愿意倒推了，你推不动了，你一推就会觉得你就碰不见这个孩子了，你遇不到那么可爱的女儿了。因为你肯定是另外一个人生经历，说不定是一个调皮的儿子，那就是两回事儿。碰到这种事情你就倒推不下去了。在成家生子之前，那个随便来，可以随便想，但现在不行了。所以交换人生对我来讲绝对是个伪命题。

看上去很普通，但是又很自信

李翔：有哪些电影，现在的作品，过去的也行，你会觉得这个东西如果是我拍的就好了？有吗？

饶晓志：我没有想过这个问题。但是有一个我也很喜欢的题材。蔡尚君导演的《人山人海》，是陈建斌演的。它其实是贵州的一个新闻事件（改编的），讲一个追凶的故事，家里的一个弟弟被杀了，几兄弟轮流去外地追凶，最后把这个凶犯给抓回来的一个故事。当时我就特别想改编这个剧本，但（自己）完全不在这个行业里。（后来）有一天我跟我的一个副导演聊这个，他说已经拍了，叫《人山人海》。这种会有。

李翔：就自己没法拍了。

饶晓志：对，会有这种感觉。

李翔：你是怎么选编剧的呢？比如《人潮汹涌》的编剧李想，这是她第一次给电影写剧本？

饶晓志：对，因为编剧工作我是属于参与度非常高的。像志龙我们配合很多年，基本上我对他就比较了解，我们聊好了，他知道我想要点什么。

但有些时候我也需要新的编剧，需要有新的力量。实际上《人潮汹涌》我带了两个新编剧，另一个编剧范翔也算是新编剧，他只是有文字能力，以前是我的演员。某种意义上，培养两个人，壮大我的创作队伍，这是考虑之一。再一个，我也需要（他们），我觉得他们有写剧本的能力——能力肯定还是要有的，不然累的是自己。是在这种情况下选择的编剧。志龙那时候忙，要不忙说不定他也在里面。他不是有一大堆事嘛。

李翔：赚钱不容易。

饶晓志：这是另外一回事儿。正因为如此，你（就）更需要新的力量了。

李翔：但你也没有办法绑定是吧？

饶晓志：不用绑定，如果合作得多，渐渐地就有很多可能性。《人潮汹涌》因为是我自己"恶趣味"比较多的一部电影，被我做得还挺个人化的，所以对我来说，就是以我的主观感受为主的一个表达。我说我要写什么，我大概觉得怎么样，他们帮我去完成这件事情，当然也会（给）出他们的主意和看法。我跟编剧合作，大概其还是以我的意见为主。一般到最后，我发现你们差不多了，就我来。

李翔：所以剧本对你来说不算是一个大问题，因为你自己是全程参与？

饶晓志：剧本永远都是难题，是现在我们也很纠结的难题。但是我在这方面还是有点能力的，在编故事上，我的脑子还比较快。我对人物是能够有共情的，把他搁在一个什么样的事件里，根据他的性格，我会比较快地结构出来他应该做什么，或者我会让他做什么去实现（电影）目的。这些是我的特长。但是这些特长不一定那么天赋异禀，不一定让人觉得那么厉害，所以属于那种看上去很普通，但是又很自信的感觉。（笑）说下来还是普通的，但普通当中肯定也有点自己的不一样。这种不一样有短板，也有长板，每个人都这样，做你们这个行业肯定也一样。

李翔：也有可能就是因为普通加了特点才会打动人。

饶晓志：才会让你走到现在这个位置上。我对自己的认知，是在天赋上只是稍微聪明一点点，在某一个事情上，比如结构故事的能力（稍微好一点）。我坐在这儿，哪怕（是）参加别人的会，听完你们说的，可能出的主意就是很好，（有）这种在故事上的禀赋。

李翔：有没有你自己特别想合作的编剧，比较老牌的或者你挺喜欢他作品的那种？还是因为你自己比较强势，所以很难（跟别人合作）？

饶晓志：你这个话可能说对了。在创作上，我老觉得还挺私人的。我喜欢一些编剧，但不知道我能不能跟他合作。你明白这个意思吗？

李翔：担心摄影老师的悲剧重演吗？

饶晓志：对，比如芦苇，多好的编剧老师[①]。但是我不知道，万一（意见分歧）我该怎么弄呢？我不知道究竟是利大于弊还是弊大于利。或者（就会）完全变成另外一个事。我还是愿意去做我自己的，不管是做什么样的作品，我还是会先满足自己。不管是做戏剧还是做电影，先满足自己这点真的很重要，不然就失去了我做这一行所有的意义。哪怕是个很傻的表达，但它是我的，这对我来说是最重要的，而不是说我迎合你，迎合影评人，迎合观众，迎合市场。其实那都不一定对，它一定得先迎合我当下对这个作品的思考，那才让我有所谓创作的快感。编剧这个事情上，我找一个人去合作，如果他无法说服我，他又不改，可能我就觉得有点问题。

李翔：请问你是个难说服的人吗？

饶晓志：只要觉得好，我会第一时间（认）。我说这个胡豆太好吃了，这是我认为最好吃的胡豆，可是他扔出来一个真的比这个好吃的，我立即就怂了。但我怕他扔出来的是一个我

---

① 芦苇的编剧代表作品有《霸王别姬》《活着》《狼图腾》等。

不觉得比我这个好吃的，可他依然觉得很好吃，那怎么办？我担心这个。

我是会秒怂的。我以前（自尊心很强），这个东西是被我改掉的。我以前的自尊心，就是所谓做导演时的那种，就像你问我要不要"演"一个导演，或者为了权威性做点什么，可能我在做话剧的时候就已经改掉了。当我发现有些演员提供的东西更好的时候，我为什么不用呢？我一开始也会有强烈自私的、看家护院式的那种对自己作品的感情，听不得意见，但后来真的不是。而且我觉得秒怂会让自己特别轻松。

李翔：认怂保平安，认怂保进步。

饶晓志：它并不是面子的问题。反而你在那儿纠结半天，最后成了你的面子问题。不要纠结。但是你一定要有判断力，要真的好的（判断力），这也是个能力。有时候纠结的（点）就在于，我没法判断他这个比我好还是比我差。纠结的过程往往是在这儿，你不知道这个东西好还是不好，演员给你的表演也好，编剧给你的建议也好，你不知道，所以你就在那儿纠结，你很痛苦。现在还好的是，我在这里边的过程不会那么漫长，但凡我理解了，就会立即告诉你说，这个好，我要这个，就这样。

贝克特

李翔：《人潮汹涌》结尾致敬贝克特的《终局》，为什么会做这样的设定？是因为你一直想要一个致敬他的场景吗？

饶晓志：没有。对我来说《人潮汹涌》就是一出戏，我就是想让大家觉得它是一出戏，它有间离感。我在舞台上就喜欢做这样的东西，就喜欢让大家跳戏，你跳戏对我来说是正常的。你看见刘德华，觉得他是刘德华，正常，我不需要你时时刻刻都觉得他是周全（刘德华在片中扮演的杀手角色），我对这件事情无所谓。

所以我说《人潮汹涌》对我来说很私人，或者说是我挺主观的一个表达，但是它不一定多牛。我从来不敢把话说满了，我不觉得它有多牛，但它就是我的。它让我觉得牛的地方是，它是我的，我把自己喜欢的东西玩到这个程度，这是我自信的地方，但也可能是有些人看不惯的地方。

像你说的 *End Game*（即《终局》），其实它就预示着一场戏要开始了，它就是终局了，到这块儿我们开始进入第三幕戏了，这就是一场戏，整个这个东西就是一个演出，它时时刻刻都在提醒你。我就是希望大家时时刻刻意识到这就是在表演。

李翔：我还以为是因为你对这出戏格外偏爱，所以要致敬。

饶晓志：没有，我对贝克特有偏爱，你看我都文在身上了。我们这个戏跟 *End Game*，并没有什么特别的共通之处。如果非要说有点什么，无非是（都）有一些绝望一点的人：主人和仆人相互抱怨对方对自己的不好或者自己身份的不好（《终局》中的情节），有点像一个有钱人和一个 loser 彼此都觉得自己不如意（《人潮汹涌》中互换身份的两个角色之间的关系和处境），最多也就这样，实际上没有更多的共通之处。*End Game* 那张海报，我专门还有一个镜头，就是想提醒大家。

李翔：我觉得大部分人应该没有 get 到。

饶晓志：对我来说就是想提醒大家。我就是不停地想提醒大家这是个戏。所以我觉得华哥懂我的意思，他在这里头，就是为了（让大家）看他拖拽着他过去的影子表演。

李翔：贝克特跟香港流行文化，在电影里面，包括在你身上，是和谐共处的、非常融洽地共处的吗？

饶晓志：我没有想贝克特一定要在这里意味着什么，也不是致敬贝克特的电影，坦白说我是在致敬我自己的电影情怀，致敬我自己对表演的理解，（致敬）我理解的港产电影的时代和华哥。我偏爱贝克特，（但）他（只）是我的一个元素而已，那里面还有《喜剧之王》，还有周星驰。所以它是我玩得还挺开心的一部。

李翔：我的意思是它在你个人身上也是非常融洽的吗？皮兰德娄、贝克特、《喜剧之王》和周星驰。

饶晓志：对，是融洽的。我从来没有觉得我是谁的精神教徒。我甚至也不是什么电影的（精神教徒）。我一直说这个话，因为我没有拍过胶片，我不懂，我没有这么执着于大荧幕。对我来说，它其实是讲故事的平台。我没有电影原教旨主义或者戏剧原教旨主义。我觉得这可能让我还挺放松的。

李翔：主要你把贝克特文到身上可能有点"吓"到大家。

饶晓志：对，但实际上文他是因为我不知道文什么了。

李翔：真的假的？

饶晓志：2015 年还是 2016 年，我约了一个文身师，他太出名了或者太忙了，所以半年前就约好了时间，我现在都记得是 6 月 1 号。约的时候不需要定文什么。快到了那几天，他说文什么，（我）不知道要文什么。（笑）

李翔：文身师都来了，不知道文什么吗？（笑）

饶晓志：崩溃了，人家问我说，你要文什么？

贝克特是在那几位（戏剧大师）里面我可能更喜欢他，因为我喜欢《等待戈多》，我也喜欢《美好一天》，我也喜欢《终局》，我喜欢他的东西，我喜欢他的言论，我喜欢他对人生、对世界的看法，所以我对他偏爱更多一点。同时我又想，我要是文一个戏剧大师，应该没有（别）人文。你明白这个意思吧？我相信全中国可能只有我文吧，他老人家也不知道会有一个中国人这么做。谁知道呢？

李翔：我看有一个采访说，陈建斌看到你文的贝克特，就觉得这个人有点意思。

饶晓志：对，他是说过，他也喜欢。

李翔：包括电影《人潮汹涌》里，出现在那个出租屋里的书，斯坦尼①、彼得·布鲁克②，在你的真实世界里面，也是你的趣味吗？

饶晓志：也会看的。但我这个人老是这样，承认一些东西，又否定一些东西，就老处在这种怀疑当中，所以我必须诚实地说，它并不是我的指导书。你要问我看吗，我看，我还看《梅耶荷德谈话录》③；你要说我天天跟华哥那样在那儿做笔记

① 指斯坦尼斯拉夫斯基（Stanislavski，1863—1938），俄国演员、导演、戏剧教育家、理论家。著有戏剧理论著作《演员的自我修养》等。
② Peter Brook，出生于 1925 年，英国著名戏剧和电影导演，20 世纪重要的国际剧场导演。著有戏剧理论著作《敞开的门》等。
③ 收集了俄国导演、演员、戏剧理论家梅耶荷德（Vsevolod Meyerhold）的重要言论。

吗，我也没有。

李翔： 电影里刘德华随口就说，这句话在彼得·布鲁克那本书多少页多少页。

饶晓志： 对。我没有（这个本事）。但这是史航的本事，史航可以，哪本书哪个段落他都背得出来，连页码都能背出来。我不是你们学霸型。

李翔： 电影里刘德华说在多少页多少页，那个是真的多少页多少页吗？

饶晓志： 当然了，写的时候就必须核对。好多书都是我拿给编剧的，我家里确实有这些书。

韧劲和自尊

李翔：你跟我说过，你在《人潮汹涌》里做了很多你认为可能别的人不会做，但是你一定要去做的，而且还挺难的事情。

饶晓志：对，比如宣发阶段，我们初一就已经成那个样子的时候，实际我可以放弃，可以不管这件事。因为对我来说，我的任务已经完成了，我可以不用再去打仗了。或者说我也可以沮丧了，就这样吧，我可以甩锅，可以说这就是宣发的责任。但是我不会。那也是我们的韧劲之一，我从此又多了一个经验，打了一遍春节档的"战争"。

你要说是不是我们之前期许的成绩？不是。但是从那样一个状态到现在这个状态，已经是我们努力的结果了。换句话说，我一直讲我很普通，可能顺势而为，可能短视，可能怎么样，但我觉得我还是努力的。

我三天没出酒店，就在房间里，每时每刻都是在电话上，要不然就是在写东西，要不然就是在拍东西，就是不断在想各种各样的办法。我还进了 10 个影管群，每个群有 500 人，每个人都是小影院的经理啊、店长啊，全国各地的。我跟他们去聊，发红包，跟他们说在未来给我们一些机会，还把演员拉到群里，跟他们互动。做很多这样的动作。

它（们）不一定有用，但是对（这些人）来说，他们脑子里会一直有这件事。后来我把这些行为一直做到元宵节之后。坦白说我完全可以不做这件事，我也可以颓，可以很受伤，跑到三亚躲着。但我还是觉得不能放弃。而且我认为，但凡我要是跑了、放弃了，他们就更有理由放弃了。

李翔：本来你们对这个电影的预期是票房收入更高？

饶晓志：坦白说我们肯定希望有 10 个亿，因为在春节档那么大的一个盘子里面，期许 10 个亿我觉得不过分，最后是七点几亿。实际上也很努力了。

我们实际还有一个小镇青年的韧劲，这个韧劲是野草似的，得疯长，它得有这个劲。蹂躏一下，还是得长；这条路断了，在那儿也得长。这种东西也是我们的一个特点。我们指的就是我跟雷志龙，或者另外一些跟我差不多经历的人。

像这样的努力，真的是很多时候，不光在《人潮汹涌》的宣发期，包括在《无名之辈》的拍摄期、《你好，疯子》的拍摄期，都会有。

我也会有那种自尊心受不了的（时刻）。比如我（作为）一个导演，突然被公司的老板叫去拍照，说我们公司今天开发布会，相机不是在你那儿吗，你来给我们拍点照片。这是 2010 年左右的事。我就在那儿给他们拍照片。心里也觉得有点不舒服，但依然会去做，做了之后我就辞职了，就是这样。

因为我觉得我在你那儿没得到这份尊重，那看来你也不会觉得我有什么才华。今天我不会这么去对待我下面我认为有才华的人。说白了，创作的人自尊心都是很强的。

逆袭的方法"就是死磕"

李翔：《无名之辈》和《人潮汹涌》两部片子都是逆袭。从一开始排片很少，后来慢慢地上去，这个路径里有什么经验吗？

饶晓志：没有什么经验，就是不放弃吧。

李翔：就是死磕？

饶晓志：就是死磕。《无名之辈》我也是死磕，但是《无名之辈》起势比我们想的好，因为观众共情更大，所以它会上得比较快。

《无名之辈》我们就拼命跑路演，每天都在飞机上。我们那时候排片也很低，但依然没有放弃过这件事。

当然你作为一个导演，在那个时刻你是可以放弃的，你交片了，实际你的工作已经截止了，某种意义上你可以像一个艺人一样，只配合一些采访，配合一些宣传就够了。

包括你问我，宣发是不是应该我定。宣发所有的事

（都）不应该是导演定，导演不可能连这个都精通，但是导演可以建议。我可以有我的好恶，可以说我希望怎么弄，但也可以完全不发表意见，没有人（会）怪我。再比如像新导演，就没有资格发表意见，你就配合好了。宣发公司会有自己的策略。

如何做一部高票房电影

李翔： 按照你的逻辑，如果我的目标是一个票房 10 亿的电影，倒推回去我应该做什么？

饶晓志： 首先应该是你的故事。从剧本故事类型上就应该是一个商业电影的故事。但你可以去兼具。中国市场其实有点意思，是允许所谓文艺和商业的平衡的，对这个东西接受度很高，不像好莱坞。特别是现实主义电影，比如《我不是药神》就做得很好，又是商业片，又兼具艺术表达。《无名之辈》也还可以。

你作为一个导演，肯定知道自己要做点什么，至少要确定自己要做一个什么类型的电影。如果你就是想做自己，想把自己对世界的那点感叹说出来，分享给别人听，求得几个知音，那就做好自己的表达就完了。因为电影会留在那儿，有可能你在网上收获的评价比你在电影院收获的评价高。你不一定非要到电影院证明自己。

而且当你是这样的故事时，你投资的体量也不会太大，也有人愿意做，因为收回成本的渠道有很多。比如你去参加影展，卖其他国家的版权，并不是说艺术片就没有一点生存的空间了。我不是说艺术片就不应该存在，我特别支持它们存在，我是觉得它的诉求并不应该是到电影院证明自己。就像小众设计师品牌，不一定非要去大商场。

李翔： 故事是第一步，然后是演员阵容吗？

饶晓志： 演员，以及所有你的视觉体系，（都）应该符合商业片的标准。老郭（郭帆）他们讲工业化，其实在某种程度上也是标准化。

李翔： 从你的经验来看，用一个什么样的故事才可能打动尽量多的人，商业上比较成功？

饶晓志： 娱乐性，社会性，有艺术性最好，这三点。

共情点和立规矩

李翔：包括你说很多电影都要落到爱情上，我的理解（是）可能它必须直接触动人类的一些基本情感。

饶晓志：肯定是。当然爱情肯定是美好的，但它不是我用来求共情的（工具）。像《无名之辈》，任素汐和章宇的角色（之间），我不认为一定就是爱情，它是两颗绝望的心，在刹那之间的相互吸引，当然可能在那一刻有爱情。爱情对于我来说，最后总难免柴米油盐，一点都不美好。爱情只是电光石火的那一刻才美好。

李翔：你们在做故事的时候会刻意地想共情点吗？

饶晓志：会。第一稿剧本出来之后我们就会想，现在甚至梗概阶段就在想了。想哪一刻做一个什么样的共情，跟观众的共情点究竟是什么。

李翔：应该是《你好，疯子》之后才开始这么想的吧？

饶晓志：对，真的，以前没有这么想。知道这个工具，但没有认真领会它的重要性。

李翔：觉得它是个套路吗？

饶晓志：嗯，你说对了，觉得不想按套路做事。包括老郭给我画三幕式 ①，我当时还在想，这都什么啊，有点抵触。

李翔：《人潮汹涌》的共情点是什么？

饶晓志：我认为可以抓的点，第一个是自律的重要性，就是看到了刘德华和肖央互换身份之后，你对自己会有一个代入的认知，就是你究竟是什么人，你可能会归类一下。

还有一个是情感上的，大龄男女的情感。只是那条线因为时长的关系，变得有点破碎。就是那种隐忍、克制，谁也不敢再往前多（走）一步。我们讲的不是青年男女的故事，而是两个中年人的爱情故事。包括万茜演的角色，身上带有的傲慢与偏见的东西。包括电影里说的，就差那么一点点，这也是很多人在情感上会出现的一些遗憾。像这些台词也是专门准备的，希望它会发酵，"就差那么一点点"。

李翔：讲故事方面你总结过一些方法吗？其实包括你之前讲的皮儿要薄，要立规矩，都算吧？

饶晓志：算。因为我之前这三部电影都有点荒诞，所以就

———————————
① 指电影剧本经典的三幕式结构，简单而言就是故事的开端、冲突、解决。

必须立规矩。但只是指带点这种气质的故事，我才会立这个规矩。比如我下一部电影是纯现实主义的，就没必要立这个规矩，因为它不需要让人去相信或者去接受一个设定，接受有点不可信的、跟生活没有那么贴近的东西。它实际来自舞台，舞台是表演形式上的立规矩。我们在（舞台上）说话（时），我看着观众席的方向跟你说话，你也看着观众席跟我说话，观众就会认定我们两个是在对话，而不会觉得你们在看什么呢。包括无实物，比如我们现在演一个喝水，然后"铛"一砸，配一个声音，玻璃碎了，慢慢后面你演的很多东西观众也就信了。这些都在立规矩。

李翔：现实题材不需要吗?

饶晓志：我觉得不需要。某种意义上它（立规矩）是帮你（观众）理解电影里的世界观的方式。现实主义因为你就在（同一个世界中），所以就不需要，你只需要接近人物的内心，跟着人物走就行了。但是我没有系统地想过这些。我是解决问题型的，直觉型的。

不过我会提出很多个结构点，会把整个结构码出来，ABCDEFG，我们从 A 出发，最后要到 G，我负责解决 A 到 B，到 C，到 D，中间用什么样的手段。我可能会说 E 必须要有共情，或者 G 要怎么怎么样，我会在关键节点提出我的情感诉求和其他要求，然后再来想怎么实现它。

在汹涌的人潮里绝不服气

"我有想去的地方，愿意跟我一起走的人，我不放弃，中途要走的人，我不挽留，但我不会改变，不会为任何人停下，我会一直往前走。"

不断拍摄电影的过程，也是饶晓志个人状态不断调整的过程。

第二部电影《无名之辈》之后，他一度陷入焦虑。这种焦虑最严重的时候，只要人一多，他就无法开口讲话——是生理上的，而不是意愿上的。他知道自己应该表现得左右逢源，但就是没法做到。批评、赞誉或者无意义的谈话，都让他不知所措。

不过，这种焦虑的过程，也是他逐渐习惯和适应电影导演这个角色，习惯和适应电影导演的工作方式的过程。他要学会如何去跟所有这些批评和赞誉共处，也要学会如何处理越来越多的外部关系。

是疫情和运动缓解了这种焦虑。疫情给他的工作按下了暂停键，也让他的注意力转移到了更大的外部世界上。运动让他用了大半年时间减掉了将近30斤的体重。甚至在 2019 年 10 月拍摄《人潮汹涌》的时候，他也会每天去健身房跑步 40 分钟。他说，这在以前绝对无法想象。

他在努力寻找那种自如的感觉。能带来那种自如的，既包括外部环境的变化，比如他逐渐享有的越来越大的自主权，也包括内在的变化，比如经验的增长和心态的调整。

2021 年 3 月底，我在重庆第一次见饶晓志时，他正在同时进行三项工作：为黄渤监制的抗疫电影拍一部短片；自己监制一部电影；以及，把他下一部电影的编剧叫到重庆，住到同一个酒店，每天开剧本会。除了中间曾飞回北京参加陈建斌的新电影《第十一回》的发布会，他已经在重庆待了将近一个月。

雷志龙曾经写文章说，他参加过饶晓志公司的年会，年会上，饶晓志对着一屋子人说：我有想去的地方，愿意跟我一起走的人，我不放弃，中途要走的人，我不挽留，但我不会改变，不会为任何人停下，我会一直往前走。

饶晓志自己说，他是小镇青年，小镇青年就是"在繁华的城市里谨小慎微，又在汹涌的人潮里绝不服气"。

道路确实裹挟着他，但也是他自己坚持走在这条道路上的。而且，一旦走上了这条道路，它就会自己在眼前延展。

伴随着焦虑的从容

李翔：对于你而言，一部电影的工作已经结束的标志是什么？要到什么程度？

饶晓志：到了一个轨道上，你做什么都没用了。比如宣传发行，肯定会到这个程度。《人潮汹涌》我基本上是（做）到了正月二十之后，元宵节之后。

李翔：然后就可以进入新的工作周期了？

饶晓志：对。

李翔：你拍《人潮汹涌》的时候，可以说是自如了吗？

饶晓志：可以了，从容了。

李翔：从容可以等于自如吗？

饶晓志：对，整个是个自如的环境，所以我会非常从容。

李翔：是你的心态变化了，还是说自主权更大了？

饶晓志：都有，整个提升了，简直是质的飞跃，对我来说就是一个完全舒服、从容的状态。当然那会儿我有焦虑症，但那个跟我拍戏没有任何关系。我 2019 年（就）有焦虑症，不知道怎么得的，反正是得了，最后也好了。

李翔：但不影响你工作？

饶晓志：有时候会影响，有时候会突然之间觉得自己不行了，得躺会儿。我经常会去躺会儿。

李翔：不是体力的原因，就是焦虑？

饶晓志：就是焦虑。它就是让你心慌，其实跟说话太多有关系。坦白说，我觉得是无意义的谈话太多了。《无名之辈》之后，不管是媒体还是应酬，都太多了。就是因为你好了，自然想要跟你聊天的人也多了。这里边有些是有效的聊天，有些是无意义的聊天；有些是有效的应酬，有些是无意义的应酬，最后就变成你要说很多话，可是你会很烦，就觉得没有意思了。

后来我就发现我没法说话了。你看我现在没事，可能都意识不到我2019年的状态，是真的无法当众说话，一当众说话我（就）心跳加速。（开始）我一直以为是鼻炎，不停地喷那些东西，然后就冒虚汗，（身体）虚弱无力，说话大声了都会觉得快死了那种。真的很夸张。手脚冰凉，冰凉到你自己都感觉它是凉的。完全冰凉。

李翔：这算是成名后遗症吗？

饶晓志：关键是也没成名。（笑）

李翔：真成名也就忍了，是吗？（笑）

饶晓志：它就是你在圈子里一个资源的提升，再加上《无名之辈》也会让我面对一些所谓评论本身。你今天也说到，舆论算是一个东西（指压力），对一个创作者来说它当然算是一个东西。它是一个声音，这个声音某种意义上很重要。经历了这一大堆之后，假如换到我现在的心态，确实就没什么。你看《人潮汹涌》（豆瓣评分）也才 7.1，其实骂的人肯定会比《无名之辈》多，我也没事，可能形成了一个保护机制了。

李翔：进化了。

饶晓志：属于进化了。

工作习惯

李翔：你会在拍的过程中间改剧本吗？

饶晓志：会，肯定会。但是说不定我现场就改了，不一定非得形成文字。

李翔：我看到一个总结，有两种导演，一种是希区柯克式的，脑子里面已经有这个电影了，只是把它实现出来；另外一种是科波拉[①]式的，拍的过程中间一边拍一边创造，是吗？

饶晓志：对，应该导演会分这种。

李翔：你是？

饶晓志：我是会因地制宜或者顺势而为类的。我喜欢一些即兴的东西，不一定觉得我设计的（就好）。可能因为我不认为自己是个天才，严丝合缝地按我这个（设计）拍就完了，不要改，不要动我的（设计）。没有。我挺信赖现场的。

这可能跟我做剧场也有关系，我喜欢在排练厅排练，喜欢

---

① 指弗朗西斯·福特·科波拉（Francis Ford Coppola），出生于1939年，意大利裔美国导演、编剧、制片人。代表电影作品有《教父》《现代启示录》等。

他们给我东西，我也喜欢一些时候的灵感，有的并不是我写的时候想出来的——实际上之前我会提前做分镜。

我做《你好，疯子》的时候没想做分镜，那对我来讲有点痛苦，因为我不太适应那种方式。我喜欢碰撞，哪怕我都被（各种意见）轰炸得不行了，也会跟演员说，哎哟，这个好。会有这种东西。

李翔：创作时，你是去看一些故事、新闻，触发你去进行创作，还是会看一大堆小说，挑出好的小说去改？这两种你倾向于哪种？

饶晓志：小说也会看。但如果说当下的感受，我更爱看的是新闻，包括新闻下的评论。我有时候看评论，包括看影评，就是去揣测人心。比如有时候我们会看到评论里在吵架，（通过对）一件事情的态度，大致上（可以）勾勒出一个人。甚至我会点击他的账号，追踪他过去发的微博，看他的生活痕迹，大概就能知道或者会去想象他是一个什么样的人。自己去勾勒出来，这是我在人的认识上（的方法）。当然小说也好，纪实类的文学也好，还是有些新闻报道也好，都会成为一些源泉。

李翔：我看到一个说法，一个电影会诞生三次，一次是（写）剧本的时候，一次是拍摄的时候，还有一次是剪辑的时候，是这样吗？

饶晓志：对，就是这样，这是真的。

李翔：所以这三个环节你都会非常严格地控制吗？比如剪辑全程你都会在场？

饶晓志：当然，不是说全程都会在场，但我会最后来决定这件事情，剪辑权对一个导演来说是很重要的。

李翔：你自己做监制和制片，你也被监制和制片，你觉得，一个制片人跟导演之间理想的关系应该是什么样子？

饶晓志：如果讲制片人，理想的关系就是相互信任和相互欣赏，完全可以背靠背的关系。监制是另外一种关系。监制某种意义上是在监督和保障制作与创作，在你的经验范围内，为这个剧组提供这样的服务，对你看到的一些问题，从客观角度去提一些你的建议。当然有时候你会碰到新人导演，（就要）对他的创作进行一些建议，或者帮他搭建团队，帮他找演员，大概是这样。制片人是更琐碎的工作，要保障一个项目的完成。

李翔：比如你监制徐磊的电影（指《平原上的夏洛特》），对你做导演也是有帮助的吗？就是你做监制的经历。

饶晓志：当然了，每一次都是创作。当然你不是导演，所以不会去说"必须这样"。如果他的坚持是这样，而取得的效果是那样，不管是好的还是坏的，你也会跟着一块儿形成你的经验。

李翔：你是一个预算控制得很好的导演吗？

饶晓志：还可以。

李翔：从来没超过吗？

饶晓志：没有，我甚至连计划都是如期完成。三部戏了，我计划多少天就拍多少天，没有超期的。当然他们都希望我提早完成，但我也没有。

李翔：他们是？

饶晓志：投资方什么的。他们都希望我提前，因为提前就会省时间，省钱。我没提前，我也没有滞后。

李翔：所以截止期对你是很重要的？

饶晓志：我认为就是得有截止期，写剧本也一样。而且我也习惯了这个东西。就像我之前跟你说（的），我们做戏剧时，剧本都没有，剧场就先定了，那你就得在这个时间内完成。

李翔：它不是行规吗？

饶晓志：是行规。我的意思是我适应了。而且我认为截止期是重要的。有约束的自由才是自由。毫无约束的自由，想怎么拍就怎么拍，那只有王家卫导演了。

李翔：你有想过拍系列电影吗？

饶晓志：有，我本来在话剧界都要做系列的。我特别想拍个《无名之辈 2》。其实也不叫系列，我只是觉得像那种东西比较小成本，对我来说，结合一个特别好的故事，在一部片子里做多线叙事，这种限定，就像是命题作文一样，其实是有意思的，我觉得是可以拍的。

李翔：很多人会认为系列电影是降低商业风险的一个方法？

饶晓志：对，有可能是。

李翔：为什么你的电影里面方言的角色这么重要？你是怎么考虑的？

饶晓志：就是为了让人物生动。像西方，无论是好莱坞还是欧洲，都是有方言的，除了人种不同，还有方言不同。

李翔：讲英语是带口音的。

饶晓志：对，不叫方言，口音。更生动，更真实，而且关键我们（的观众）是适应看字幕的观众。我们看普通话（电影）都得看字幕。

李翔：你理想的创作周期，（是）多久拍一部电影，多久有一部作品上映，被大家看到？

饶晓志：我觉得理想一点——如果真的能（的话），因为现在都觉得时间紧迫——三年两部是个理想状态，或者两年一部。

李翔：现在还达不到吗？

饶晓志：现在基本上算是两年一部，我 2015 年拍第一部

（电影），现在已经拍了三部，六年三部，正好是两年一部的节奏，差不多。《人潮汹涌》其实拖了一年，因为疫情，（本来）2020 年就（要）上的。

李翔： 在拍摄的过程里，你会刻意去想观众对你设计的某一幕戏的反应吗？

饶晓志： 我会，因为我是做戏剧出身的。戏剧有一个特别天然的节奏，是典型的这边（指电影）很难 get 到的节奏。（也）不能说很难，是需要提前去想象的节奏。我们因为长期在剧场浸泡，对观众的节奏点是有些感受的。当然有时候也会赌错，比如你觉得幽默的地方观众不觉得，没有笑。

剧场表演的时候会让你哈哈大笑还鼓掌，演员的词都得慢一拍再说，我得把掌声和笑声融到这里面，才算整个戏剧的节奏（做到了）。其实戏剧的节奏应该是包含观众反馈的，这是戏剧很大的一个魅力，也是它能够让创作者着迷、让观众着迷的地方。但电影不行，电影是剪好的，所以有时候是需要一点预想和预设的。比如你的信息量太密集了，可能观众还在哭，你没让他哭够，（后面）那句话就给（早了）。（这方面）我们有优势，我们通常都是要把这种节奏算进去的。

"幽默是我的调味剂"

李翔：喜剧是你偏爱的风格吗？

饶晓志：幽默是。我觉得生活就是要有幽默的，抑郁症患者的生活也有幽默。像契诃夫的作品，大部分都有幽默。我不喜欢特别苦涩的、一味苦涩的东西。

李翔：很现实的题材？

饶晓志：不是，我也喜欢现实题材。我的意思是，我不喜欢太苦的那种，就是要演得（很苦），或者就喜欢苦。我觉得生活中不是只有这个，而且我认为我们是在一个强大的世俗社会里面，特别是中国人，可以很苦，但他一定会有趣事，在观众看来是有趣的，当然可能对于人物来说不一定有趣。

李翔：幽默跟喜剧的区别是什么？

饶晓志：我认为喜剧类型很明显，就是得让你不断地笑，才能称为喜剧。幽默不一定以让你笑为第一目的，还是以剧情为第一目的。

李翔：可能也在刺激你去思考，是这样的吗？

饶晓志：它是故事带着你在走。笑不一定是最重要的，或者不一定我整个片子都在刺激你笑。我觉得喜剧片（让人笑）应该是第一任务。而幽默，不管是什么样的幽默，（让人笑）只是其中的一个元素，但不是第一任务。

李翔：有没有你非常推崇的、符合你风格的导演、作家？

饶晓志：王朔。之前我说过，我有段时间还演他的戏（指大学时期根据王朔小说改编的剧）。当初看他的小说，我还挺喜欢的，里头也有很多幽默的、耍贫嘴的（元素）。再比如当时京派的冯小刚导演的好多作品。

我那时候还年轻。我觉得这样的人生态度影响了我。但它并不见得是我做人的人生态度，可能是我喜欢的人生态度，是我文艺作品的态度。我做人不会那么洒脱。因为我是一个小镇青年，不是一个见过那么大世面的人，现在可能越来越洒脱，但是在小时候和青年时期做不到，到一些场合会很紧张。

李翔：所以你会对自如要求那么高？

饶晓志：对。

李翔：我发现你特别喜欢强调小镇青年。

饶晓志：因为真的就是这个过程，我（是在）不断地拓宽我的边界。

李翔: 你的电影里面那种幽默的桥段、题材,是从各种社会新闻里面找的吗? 或者其他什么作品刺激了你,然后再去创作的吗?

饶晓志: 对,可能会。比如像抢手机,跟社会新闻就有一定的关系。再比如日本有一个小说叫《人质》,里面也有很强的幽默性,抢了一兜全是假钱,那同质化就可以讲一个抢到假手机(的桥段)。有时候幽默的地方就在于,有观众质疑说,他们傻吗? 他们看不出来那是假的模型吗? 这个质疑的言论过去没多久,《无名之辈》上映没多久,就有一个新闻出来。

李翔: 现实重演了剧情。

饶晓志: 真有人抢了一堆模型。对我来讲生活的荒诞性特别多。我喜欢荒诞的东西,它就好比是乏味生活的色彩。因为生活本身在某种意义上挺乏善可陈的。只是说我们在文艺行业,所以跟别人(比起来),过得好像稍微不一样一点。

李翔: 你会担心这个问题吗,所有人对你的期待就是去拍幽默题材的电影,然后你就被局限在了这个标签里?

饶晓志: 不会,我还没到被贴喜剧标签的时候,比如说大家也不知道《人潮汹涌》挺幽默的。实际上幽默是为了让它好看,我希望观众坐在那儿两个小时,不要觉得很乏味。

幽默是我觉得好看的元素之一。剧情幽默、悬疑,都应该是为了让电影好看,只是幽默是我的调味剂,我希望有那种时刻，（观众）会心一笑。我喜欢这个元素。我永远都会有这个元素，哪怕我拍一个真的是很苦很苦的，哪怕是大悲剧，我都会有这种东西。这一点是很坚定的。

李翔：有没有你一直想拍，但还没有付诸行动的题材？

饶晓志：黑帮片。

李翔：就是杜琪峰那种吗？

饶晓志：男人拿枪，女人如画，一直是我特别想拍的类型。

李翔：杜琪峰的电影应该是不幽默的吧？

饶晓志：有幽默性。

李翔：有吗？

饶晓志：当然有。比如我们随便说，《枪火》里面，踢纸团那场戏就很幽默。

李翔：我有印象。那场戏是在紧张的气氛里拍一种松弛感。

饶晓志：对。再比如《暗战》里，"我是香港总督察黄启发"①。这些就是很幽默的。

---

① 这句台词出现在刘青云扮演的谈判专家到来之前，许绍雄扮演的警察跟劫持人质的劫匪谈判时，是这部电影中的著名桥段。

真正要面对的是自己

李翔：就你的作品而言，你会认为谁的看法对你而言是格外重要的，他的评论对你特别有影响力，家人还是同行中的某些人？

饶晓志：我觉得骗不了自己的。

李翔：就是自己。

饶晓志：对，我觉得是骗不了自己，（是）你自己怎么认知这件事情。以前我们也会看重影评人，也会看重豆瓣，甚至有一段又流行猫眼、淘票票，因为那关系到卖票。但实际上你真正要面对的还是自己，你在这个事情上做到多少，是不是真的像你自己"吹"的那样付出了所有，或者说尽了多少分力。（因为）有些时候人是会懒惰的。所以我觉得对自己的交代是比较重要的，现在对我来说更重要了，因为我们越来越需要面对自己。

李翔：是不是因为上了年纪？（笑）

饶晓志：我觉得有可能，真的有可能。你要真问我这个问题，当然，现在要说观众的评价非常重要。但我的意思是，我们已经踏进了这个圈子，踏进了这个行业，那我这辈子要做的作品还有不少，一部决定不了什么。（重要的是）你是不是做到了自己想做到的那个样子，这样去对待你的作品之后，（哪怕）没有得到认可，又能怎么样呢？只不过（是）有些人不喜欢，有时候（并）不能说明你错了。

李翔：对，可能就是不喜欢。

饶晓志：坦白说有的人呕心沥血，一部片子拍了很长时间，但就是没卖好，就是评价低，这难道是他做错什么了吗？难道他就奔着这个目的来的吗？我觉得不一定。

电影最大的问题就是，每一次都要接受一遍检阅。那个东西（指不好的反馈）我会慢慢地去消化，（用）平常心去消化。

但你说观众的评价重要吗？观众是用脚投票，当然重要；观众最后也会给你打分，那个重要吗？也重要，肯定是重要的。

影评人对我来讲现在肯定是最不重要的。真的。但是之前有可能我会觉得那是最重要的，甚至之前还挺喜欢他们的评论和文章的。

但是这个心态其实也是一种保护机制，实际上最终你要面对的还是自己，你吹半天牛，最后是不是真的这么去做了？这件事情上，还是应该有一个真诚的状态，诚实面对自己做过什么的状态。当然最后如果没有做到，你（的确）过不了自己那关，因为你当时妥协了。那谁让你当时妥协了？在那一天，你凭什么选择了过呢？或者你凭什么接受了一些不好的、明明当时就知道肯定有问题的呢？那就是你的问题，就是你的责任。

李翔：导演不就是要不断妥协的吗？因为是这么大的协作范围。

饶晓志：那不是，有时候也是需要坚持的，就看你在哪个地方妥协、哪个地方坚持。

李翔：还是个平衡，是个度的把握。

饶晓志：绝对需要，所以这才是导演很难很难的地方。

影响和朋友

李翔： 当你不太有灵感的时候，你会反复去看什么电影或者读什么书吗？

饶晓志： 我以前会反复看杜琪峰的电影，PTU 真的看了好多遍。这两年我看的遍数多一点的，（有）《海边的曼彻斯特》《盗梦空间》《星际穿越》。我没有盯着一部看，但我知道有些人喜欢反复看一部片子，得到点什么东西。我有时候会反复看剧本，比如《等待戈多》，过一段时间我会看一回。这么说有点虚伪，一年会看一回。（笑）

李翔： 所以过一段时间就是一年的意思？

饶晓志： 可能一年总要看那么一回，翻一翻。有时候我身边有些戏剧的剧本，会拿出来翻一下。

李翔： 为了见你，我也看了一些导演的采访。有的导演是只要在家，就会不断地放各种电影，无论看不看，就一直放着。

饶晓志： 我没有。特别现在有了孩子之后。我拍第一部电影的时候，我的孩子也出生了。她出生之后没几天，我就进《你好，疯子》剧组了。所以从那（时候）开始，我的家庭就是一个（有）孩子的家庭，（而）不是一个有很多私人空间的家庭，不太可能在家里不断地放片子。

李翔：你会跟哪些导演交流比较多？郭帆？路阳？

饶晓志：就郭帆、路阳，这俩最多。

李翔：是因为年龄相仿？

饶晓志：关系也不错。

李翔：你们会交流什么样的话题？

饶晓志：我们的交流特别男孩儿。在郭三岁（指郭帆）的带领之下，每次都变得特别青春洋溢。（笑）反正就打打闹闹，有一次能追打（了）两个小时，就是追打。

李翔：追打？

饶晓志：真的。两个小时。累得都不行了。但你要说聊什么，我们正经坐下来聊不到几句，什么事是这样的，你做那个什么怎么样，也就半小时。

李翔：总结《流浪地球》这些你们过去拍的电影吗？

饶晓志：不总结。通常都是聊下一个多，正在进行的和下一个。没有坐在那儿刻意地聊过去的哪部作品。当然也会聊一些别的，比如这段时间正在上映的，或者哪个电影很牛。但是正经不了多久，因为创作真的很私人。我们三个人不是那种，你的作品我帮你说说，我的作品你帮我说说，不是，就是自己搞自己的。

但是我们拍出来的片子都会互相看，在大家都没有看过的时候，我们就已经互相看过了。路阳的《小说家》我也看得很早，初剪的时候。我的片子他们也是。

李翔： 你们会提很尖刻的意见吗？

饶晓志： 会提（意见），但是不一定尖刻。我们不会去尖刻地提什么意见。

李翔： 或者叫锋利、锐利。

饶晓志： 没有，我觉得不叫锐利，因为我们太知道尊重对方了。因为它没上映，我们只会说，我觉得那一段是不是多了，或者整个时长太长了怎么剪，这一段是不是可以这么剪，它是不是可以放到前面去。我们会提这种，其实都是一些实质性的建议，（但）采不采纳完全是自己的事。

李翔： 你觉得1980年前后（出生）的这几个导演，会跟之前大家谈得比较多的张艺谋、陈凯歌他们，有什么明显不同的地方吗？

饶晓志： 主要是我也不认识他们。

李翔： 但你肯定看作品了。

饶晓志： 我们更在一个当下的商业片语境里面，我觉得应该是这样。因为（他们）那个时候没有所谓的商业片规则，甚至都没有市场，所以它（他们的作品）可能更是导演的自我表达，没有什么过分的市场需求。现在我们身上当然会有条条框框，我们会考虑一些市场的东西，需要权衡这些。

李翔：到这个阶段，你开始时会面对的，你的自我或者艺术那一面跟商业化那一面的平衡，可以做到比较好了吗？它还会打架吗？

饶晓志：它还会打架。像《人潮汹涌》，可能我个人化的东西有点多，（但）实际上还不够彻底。去春节档，它可以更疯狂，对于投资方来说，它可以更喜剧一点。我觉得都会有这种情况。

《人潮汹涌》我为了（上）春节档已经剪掉好多东西了。你可以去微博上看，包括我最喜欢的一个场景，就是直接暗示大家这就是一出戏的。方式很直接，（演员）看着镜头唱歌。这些我都已经删掉了。（因为）可能这些东西更自我。所以我也在做平衡，我认为自己是可以做好这个平衡的，往后会我做得越来越好。

李翔：也会想，这是妥协还是平衡。

饶晓志：对，我还是觉得是在做平衡，像我刚刚说的那句话真的非常重要，我真的得先满足我（自己）。

李翔： 是，不然干吗干这个事？

饶晓志： 这是一个特别重要的事情。

李翔： 有哪些在世导演的电影，只要上映你都会去看的？

饶晓志： 挺多的。比如张艺谋导演的，但《一秒钟》没来得及去看。诺兰的肯定要去看。

李翔： 漫威的看吗？

饶晓志： 我会看，我其实这方面是缺失的，没有这种情怀，没有这样的童年，对漫画什么的没有（情感）。所以我老强调小镇青年，这也是其中（的原因）之一。

李翔： 你有没有想过饶晓志作为一个品牌的话，应该是什么样子的？如果（让你）去描述，或者你希望别人怎么去描述？

饶晓志： 好看的，（可以）信任的，不会拍一些那种（烂片），我觉得就可以了。观众信任一个导演还挺重要的，这种信任其实就包含了好看。在某种意义上，好看当然是重要的。别的其实也没有什么。

被信任是一个特别高的要求。你要做到什么样子才能真正被人信任，看到你这个名字就去买（票）？除了喜爱以外，他还得欣赏你才行。

李翔： 按照这个标准，这行有谁是这样的？

饶晓志：其实诺兰挺被信任的。你要真让我说，宁浩也挺被信任的，在某种程度上。反正宁浩的作品我也会去看。郭帆应该是被信任的，他的《流浪地球2》(应该很受欢迎)。

李翔：你会有什么精神上特别想去交流的人吗？你自己特别好奇，特别想问他一些问题，会有这样的人吗？

饶晓志：我是属于那种充满好奇（的人），我觉得好多人都特别棒。有时候会有像《午夜巴黎》那种感觉，每一（个）时代都觉得上一个时代是黄金年代 ①。（但）我觉得大师（的话，）我根本没法跟他交流。假如说贝克特在世，我跟他聊啥呀？啥都聊不了，简直就被他灭成渣渣。

昆汀，我想跟他聊我不会那么紧张，因为他应该是一个有趣的人。但是像那种更大的（大师），你没法跟他聊。

（其实）就是小镇青年，随着自己的长大，会发现很多人也就是这个样子，都是普通人。这其实也是在不断地打破、打破、打破，然后自信、自信、自信，是塑造自己、打破偶像的这么一个过程。

李翔：你对昆汀好奇的点是什么？

饶晓志：他怎么那么鬼才？他的自由或者说他的自信是哪儿来的？当然我肯定看过他的一些成长经历。我还想知道，比

---
① 《午夜巴黎》是伍迪·艾伦在2011年执导的电影，充满了怀旧情绪。

如他跟演员工作的方式。Woody Allen 可能也想聊，但是我觉得会被他噎死，他会说几句话（就）给你讽刺得在那儿动不了了。我觉得他可能是那种。这两个人都属于特别聪明的人。而且我听说昆汀来北京（时）还跟一帮陌生中国人一块儿玩过。他应该是还比较随和一点的。

李翔：很放松那种。

饶晓志：我觉得有些人真是没法聊天。你去了人家给你轰出去了，态度上有距离。我对自如的环境不是要求高嘛。

短视、顺势而为和路径设计

李翔: 我其实觉得你的整个路径挺打动人的。因为绝大多数想要做些事情的中国人都是这样。开始时是有点被道路裹挟,没有太多选择,但是凭着一些坚持、一些运气、一些才华,就走了下来。能做成事的很多人都是这样。

饶晓志: 像之前聊的,后来我明白他们(影评人)为什么不喜欢我了,因为你不够天才,因为你资质平平,他(们)就觉得你只靠运气。实际上我想说的是,这个运气背后是有我们的付出的,甚至也有我们闪光的地方。假如说我们做的这个东西有点意义的话,是它真的能让一个跟我一样平凡的人受到激励,甚至(得到)一种参考。他能想到我,说这个哥们是怎么做到的。

当然每个人成为现在(的自己)肯定都跟运气有关。但他们只看到这一点,没看到你为此而做过什么样的努力。包括成长的路上有什么事给了你刺激。比如我举个例子,有个姑娘说,饶晓志你得有钱啊。

李翔: 这是真实的事情吗?

饶晓志：这是真实的。我喜欢一个姑娘，她说你得有钱啊。是在一天半夜的时候。你就会觉得还挺刺激你。

李翔：什么时候的事？

饶晓志：二十几岁。还有一些观点，比如我说小镇青年就是短视的，但他为什么短视？因为我们只能计划眼前，没法计划长远。但是我们当然会有一个长远的目标，只是在具体实施的时候（可能）会（短视）。

我身边有朋友说他们比我还"短视"。我实际上还批评过一个朋友，我说你就是太短视了，做主持人，又做演员，又去写戏，又去接小活儿。有一次我说，你但凡专心干其中一行，你都成了。但实际上我发现并不是（短视），人家没办法，就是穷，那有主持的活儿就赶紧做主持，做了一段时间没那么成功，没办法，又来做演员。过段时间有人给一个机会做剧团，一看有钱，又去做剧团了。

我觉得这些都是我们这样的所谓小镇青年，甚至不光是小镇，（也包括）城市里的普通青年，会面对的问题。

李翔：你刚才讲的其实就是一个时间观的东西。就是稀缺思维——资源的稀缺导致你没有办法去做长期规划，经济学上面也有研究。

饶晓志：怎么说呢，我们这个行业的人，（会）经营人生的少。

李翔：确实只有资源不稀缺的时候才有资格经营人生。其实在商业领域里是一样的。现在我认识的 85 后创业者，非常厉害的创业者，开始做公司，第一天就讲我们公司的使命、愿景、价值观是什么。它是个挺有意思的、非常有效的方法论。使命是这个世界上有什么问题，我做这个公司是来解决这个问题的。愿景就是我要成为一个什么样的组织。价值观就是我达到这个愿景的方法是什么。这对很多个人也成立。但这（种人）是极个别的。他们已经不需要为眼前的问题或者稀缺去发愁，想的都是要做几十年的长远打算，所以要有使命、愿景、价值观。

饶晓志：极个别。我们中间也有（这样的）人，有些人我也佩服，但是不见得就真如他们自己后期总结的那样。我是很诚实地告诉你说，我们是一个随遇而安、顺势而为、顺其自然（的状态），因为没办法。但（也）有些人，我觉得他们好像很笃定。

李翔：确实是个别。有一个人叫陈东升，是泰康人寿的创始人，很大的公司。他跟我讲过一句话，我印象非常深刻：现实比理想更伟大。他是 50 后，90 年代初从体制内下海做生意，当时绝对没有想到今天能做这么大一个公司，能干那么大的事业，包括嘉德拍卖也是他做的公司。

饶晓志：他肯定也得顺势而为，做生意也得顺势而为。

李翔：对。确实就是现实比理想更伟大。开始没想那么多，但是一步一步地，世界越来越大、越来越大，大部分人都是这样的。

饶晓志：对。我有那个理想，但是可能没法去设计。我觉得你没有能力去设计这件事情，你也无法经营这件事情，因为你只能走一步是一步。我提到过我被骗去传销吗？我在 2006 年被骗去传销，属于没办法，在北京没有钱赚，突然来个人告诉你，那边有一个栏目要拍摄，一个月大概能挣 1 万块钱，给我描述得天花乱坠，Discovery（美国探索频道，知名的纪录片平台）的片子，在山东拍孔孟之乡，去做一个编导。这样就把我骗去了。去了之后，花了大概 10 多天才脱离苦海。

李翔：你有没有想过，以你今天的知识、经验、人生阅历，重新回头的话，有可能设计职业生涯吗？

饶晓志：那肯定比当年强。你会的东西太多了，要是真的回到过去的话，整个能力完全不一样。

李翔：如果是让你指导呢？

饶晓志：让我去指导二十几岁的，那没办法。就像我现在监制这部电影的导演一样，他会遇到很多问题，我也会安慰他，其实他现在遇到的情况和我走第一步时差不多。我的意思是，导演就得自己扛，有些东西你自己不扛过来，你是不会明白的。所以人的智慧是靠不断学习（积累的）经验，包括别人的经验，但是有些事情没有亲身经历的，或者没有正面交锋过，你根本不知道那个压力在哪儿。

说白了，就像我之前说的，不要把导演想当然，你根本不知道那个演员杵在你面前，问你那些问题的时候，那个压力在哪儿。你以为你准备得很好了，你想，剧本不都是我写的吗？钱都是我找的，什么都是我干的，有什么是我不了解的吗？但是当别的部门或者演员提出高于你的认知的一些问题时，或者跟你完全拧巴时，你要怎么解决这个问题？完全不是有一个人在旁边帮你，说句悄悄话就能解决的。说完悄悄话你还是蒙的，因为（这样就）又多了一个意见，又多了另外一个来自监制的建议。

要不然就是监制上去把这些人"灭掉"，都闭嘴，听他的。但是这种情况是很少发生的。你带一个新导演，就是得让他去经历。

李翔：你今天回头看的话，过去的选择，哪些是（走了）弯路，哪些可能还好？

饶晓志：逻辑还是挺相扣的，你走这一步才有下一步，所以哪能觉得哪一步是（走了）弯路呢？最多是我进电影行业有点晚了，比如我 2007 年没做成（电影），但是可以继续做啊，为什么非要回到话剧圈继续做话剧，然后过了 10 年才回来做电影？而那 10 年是电影比较好的成长期，是很黄金的年代。

我个人觉得 2007 年是商业片往上起的时候。等于我是赶到了（黄金期的）尾巴。但还好吧，也要感恩。

所以我没法去抱怨，或者觉得走了什么弯路，因为可能缺少哪一步都不行。还有一个可能性，2007 年我就在那儿做电影，可能做了 5 年还没做出来，还不如先做了那么多年话剧。

坦白说，我有些同学就一直在影视行业打拼，可能是从基层开始干起。我还好，做话剧我是导演，横移过来我还是导演。但他们可能做副导演要做好久，好多做到现在都还没做成导演。这话说起来有点扬扬自得的感觉，但命运就是这个样子。所以你说弯路，我自己真的感叹过，我如果 2007 年就在做电影，可能挺好，多了那么多年电影行业的经验，处女作也会提前（拍出来），对电影的认知也会提前，说不定在电影行业的位置都会比现在更高。但是要认真分析，我觉得也不见得（会这样），完全有可能做 5 年也还是那样。

李翔：你刚才讲 2007 年是电影黄金年代的开始。

饶晓志：我感觉是，从《疯狂的石头》开始吧。我觉得是资本们看到了商业电影市场的开始。

没有攻略，还是作品

李翔：今天对于一个年轻导演来说，出头是更难了，还是更容易了？

饶晓志：机会应该比以前多。以前整个电影行业的资金没有那么多，当然产出量就没有那么大。今天（投资多了），成熟导演也没有多少，有些人也没那么多钱请成熟导演，那只能找年轻导演，当然年轻导演出头的可能性就更大了。

但正因为这样，竞争也更激烈。现在一年立项的可能有1000部电影，拍摄的有700部，能上院线的只有300多部，真正让大家觉得不是一日游的也就100部吧。这100部（可以）形成一点记忆，大部分都是一日游，甚至游都不游。所以最后一年也就那些片子，也就那些导演，你每往上走一步，当然也（就）更难。但是以前你难在开始，现在你难在收场。

李翔：难在开始，就是难在有人愿意投资你？

饶晓志：现在肯定在投资上会比以前好一些。

李翔：立项的意思是什么？

饶晓志：广电备案，电影局备案，拿到批文，剧本立项，准许你拍摄。不是所有立项的都会去拍。

李翔：这里面有攻略吗？就是保证它能比较顺利地从立项到开拍到上院线，再到结果还不错？

饶晓志：其实还是作品，没有攻略。就是你拍的作品行不行。肯定也有人跟你一块儿决定行不行，首先是投资人和各大公司觉得行不行，院线觉得行不行，然后才是观众觉得行不行。首先你得先过圈内这一关。所以没有什么特别的捷径。

李翔：大家一直在讲电影要工业化，大电影公司肯定也想降低风险。不存在一个相对可控风险，让它成功概率比较大的公式吗？

饶晓志：应该是存在的，但中国市场是不确定的。中国的电影市场没有稳定下来。我们没有把类型化（做得）特别清晰，甚至也没有分级。所以有很多电影都是用爱情收场，因为我们没办法（把类型）做得那么极致。

从工业化的角度、从好莱坞的角度，肯定有一定的公式，我们写剧本都还有公式呢。但在中国市场还看不准。以前互联网公司进入电影界的时候，觉得好多东西可以用流量来换算，但后来证明也不行。事实证明，电影观众和电视剧观众都不是一回事。

我们肯定都是朝着那个方向走。比如要做一个商业电影，大家都会往一个方向努力，但实际上它最后行不行，不知道。而且电影是拍给未来的人看的，不是拍给现在的人看的。

李翔：拍给未来的人看？

饶晓志：你不知道未来的那个人还吃不吃你现在这一套。因为你的电影要设计给一年后、两年后的观众，有些大的特效电影要拍给五年后的观众。五年后你这个东西还行不行？当然要去计算，只是有时候没有那么准。

李翔：类似徐峥的"囧"系列、宁浩开始做的"疯狂的什么"系列，这个算是有公式或者有套路的吧？

饶晓志：应该算有吧，至少从商业上和内容上他们觉得是有保障的。观众也熟悉，而且内容上也胜利过，当然从投资方面来讲是一个可复制的东西。

李翔：你自己没有想过做这样的？

饶晓志：也想过，谁不想有一个"宇宙"呢？（笑）我也在策划我的宇宙，一步一步来。比如我也可以做《无名之辈2》，一个小城市同一天的几组小人物，多线叙事，按照这个标准再去做一个《无名之辈》。我没有说一定不。这对投资方来说也比较保险。

李翔：但是没有付诸行动，是吗？

饶晓志：还没有。这个提法已经有了，但是剧本没有。我们也干不了那么多事。

李翔：现在无论做监制，还是签导演，你会给他们什么指导吗？就是按照你走过的路径给他们一些具体的指导、建议，可以让他（们）少走弯路的这种。

饶晓志：当然会。某种程度上有些时候也亲力亲为。比如重庆那个戏，上次你走之后，我又待了十多天。刚刚你进来时我还在打电话给那边，演员和导演不能直接沟通的事情，就由我在中间沟通。

所谓弯路，我觉得创作上可能是有弯路。之前的监制更像师父带徒弟，而我们这一代的监制可能更像师兄带师弟，其实挺平等的。作品还是你的，我只是在解决问题的办法上给你一些建议，协调一些你可能无法协调的资源什么的。实际就是多了一个朋友在那儿帮你的忙，给你一些中肯的建议。郭帆做我的监制就是这样。但就算我有郭帆，或者其他导演有我，也仍然是要走一些弯路的，不是有（那么）一个人就能帮你把所有的（问题）都摆平。

李翔：你说的创作上的弯路包括什么？之前我们聊过"皮儿太厚"，那个算弯路吗？

饶晓志：对，都算弯路。大屏幕跟观众的关系，和舞台跟观众的关系是两回事。我签的很多导演也是从舞台剧转过来的。我们觉得自己已经适应了舞台下观众的节奏，他的趣味，他的审美。但影院不一样。影院的观众可能字幕刚一起，转身就走了。剧场的观众还坐在那儿给你鼓掌，还要看你谢幕，还要依依不舍。

李翔：就是有真人的那种交互感。

饶晓志：对，这个东西有魔力，但你不能把它移植到这边来，移植过来你就完蛋了。

李翔：是不是舞台剧导演想要转电影的，更容易来找你？

饶晓志：会吧，因为我做过，有成功的时候，也有失败的时候，在这方面，能给他们的经验会更多一些。

"牺牲"和改变

李翔：为了拍电影，你觉得自己做过什么牺牲吗？

饶晓志：我觉得有一些，但或许不能叫牺牲。我之前宣传《你好，疯子》《无名之辈》的时候，会老在朋友圈和微博发。

有时候是接到宣传公司的任务，要找几个人转发一下。这是你自己的作品，你也希望它好，所以想来想去，最后就张了这个口，会跟熟悉的明星朋友说，你给我转发一个这个，你给我转发一个那个，但在张口的时候，心里很不好意思。

我本来是一个挺腼腆的人，平时生活中也真没什么麻烦人的时候，就这种事儿麻烦人。心里特别不好意思，老有一种占别人便宜的感觉，因为人家很清楚，你找他就是要利用他的名气。那种时刻是让我最难受的，心里特别别扭，而且有时候人家还很忙，一下子没回你信息，你心里就更难受了。

李翔：了解。就是自尊还有点受挫。

饶晓志：对，那真的是太难受了。后来《人潮汹涌》（上映）时，我就基本没有再找过任何人去转发之类的。

当然别的肯定也有，但是我觉得都不值一提，因为各行各业总有这样的事。

李翔：拍电影之后，对你个人有改变吗？

饶晓志：生活方面肯定是要有钱一些了，相比于做戏剧的时候。我做话剧的时候他们就老叫我"饶老板"，实际根本就不是。他们就觉得，你还投话剧，挺有钱啊。

李翔：生活状况变好之后，更乐观了吗？

饶晓志：我以前也不悲观。我说我是大体悲观，终极意义悲观，但是因为这个终极意义悲观，我对小事反而很乐观、很有仪式感，每一天反而过得更乐观。

李翔：你看待故事的方式有变化吗？

饶晓志：肯定有，看人和事、看世界，都会有变化。但这肯定不光跟做电影有关系，主要是人的成长问题。

李翔：家庭会改变你对电影的理解吗？包括你讲故事的方式、处理题材的方式。

饶晓志：其实这种理解还是成长型的。包括你对婚姻的理解，也在不断更新。刚结婚时和现在回过头看婚姻本身，你的理解方式是不一样的。有孩子之前和有孩子之后，你对孩子的感情也不一样。但这些其实是成长本身。我们家就是惯常所见的三口之家，甚至家长里短的矛盾都差不多。

李翔：这些东西会反映到你的作品里吗？因为你是一个有自己的表达方式和表达渠道的人。

饶晓志：会有一些。比如我会开我太太玩笑，我说你的几次哭，我一定会把它拍进电影里。她为什么哭，那种画面对我来讲就很有印象。或者在琐事里，男女双方交锋，她代表女人，她的那种观点，对我来讲就是一个素材。但不可能是直接搬，我只是记住了这个感觉。

短板、风格和下一部电影

李翔：现在在整个电影体系的流程里，你觉得自己还有什么短板吗？

饶晓志：当然。比如我对技术的认知不够，还在加强。但肯定比以前好多了。之前我也跟你说，我一开始进来，只是对故事和表演有自信，对技术一无所知。现在慢慢懂了一些，但还有待加强，特别是跟特效的配合，以及视效方面的一些东西。我觉得这是可以通过下一部片子（指筹备中的《翻译官》，同样由郭帆监制）来加强的一个环节。下一部电影特效量会比以前大得多，应该是我做过的特效量最大的，但它又不是一部科幻电影。这也是在慢慢丰富我的能力。

李翔：特效量大小是跟预算有关系的吧？

饶晓志：跟预算有关系。但不是因为有这样的预算，我们才去做那样的特效。是根据做什么样的故事，要怎么拍它，来决定要做多少特效，然后再决定应该是多少预算。

李翔：我之前听到一个说法，是别人给我转述的张艺谋导演的一个说法，大概意思是，拍电影花钱这个事情也是需要能力的，比如只有少数导演可以把1亿美金预算花得很好。

饶晓志：当然了。为什么我要强调导演有导演的能力，导演其实是挺难干好的一件事。包括对时间的管理，对钱的管理，你得知道怎么花，得知道哪个地方是刀刃，值得把钱花在上面。

李翔：为什么下一部电影不继续做荒诞题材，而要选一个现实题材？

饶晓志：我从来没有觉得要一直做这个（类型）。话剧圈有个说法，一戏一格。本身我之前做戏剧的时候，《你好，打劫》就不是荒诞的，而是有点现实主义的，《东北往事》也挺现实主义的。下一部电影，是它的故事打动了我，我就想去做。

李翔：那你不担心你的用户基本盘对你的认知会模糊吗？

饶晓志：不担心。会有人冲着我的名字看电影，但我觉得他们不会认知饶晓志的电影就是荒诞电影，普通观众不会那么care你荒诞不荒诞。而且我的风格并不完全是荒诞，实际上还有温情、温暖，还有幽默，这些元素（在下一部）电影里依然会出现。如果是老观众的话，他们还是认得出来的。

李翔：就是你讲的温情和幽默？

饶晓志：对，包括我的趣味应该还是在。

李翔：这个电影的剧本还没有写完，是吗？

饶晓志：有过几稿了，只是没有定稿。

李翔：整个流程里面最耗费时间的是剧本阶段吗？

饶晓志：坦白说应该是，这样才对。剧本总是会弄着弄着，就要开机了，还在弄。剧本是改不完的状态。

李翔：什么样的故事会吸引你？比如要拍的《翻译官》，跟之前的电影有共性吗？你有偏爱的故事类型吗？

饶晓志：我应该是有偏爱的故事类型。有一种是它让我在那一刻有了想和这个世界谈谈的兴趣，《翻译官》是，《你好，疯子》《你好，打劫》和《蠢蛋》也是。只是因为那段时间我可能有些疑惑——都不能叫观点，我觉得创作者还是做一个提问的人比较合适，而不是解惑的人。解惑这种事创作者很难做到，特别是作为一个讲故事的人。就是从一个提问人的角度，（说）我有一些问题，有一些想不通的（东西），或者觉得这个世界有一些不太对的（地方），这是一种我偏爱的类型。

还有一种是这个东西让我感同身受，（让）我看到了某个影子，能够引起我的共情，而且确实是小人物身上闪光的地方，但不一定是我经历的。因为我对人的兴趣非常大，所以我偏爱的肯定是跟人有关系的事情。

不将就地活下去就已经很牛了

李翔： 你觉得你走到今天，背后的动力是什么？

饶晓志： 动力就是证明自己，欲望也好，理想也好。短视的时候可能是个欲望，比如单纯想要挣笔钱。长远地看可能是个目标，或者是个理想，不甘于自己就是这么一个普通的人。实际上到头来，你可能就是一个普通人，但至少可以用你的经历，让你显得不是那么普通。

这可能是我从小就有的目标。我 14 岁时看到了罗丹的一句话：创造会消灭死亡。那时候我很恐惧死亡本身，所以就会觉得（去创造故事）好像有点意思。想要获得一个不平凡的，或者说不那么普通的人生，肯定是一个更大的目标。我觉得方法就是坚持，别的就没有什么了。当然有些事情，你如果不努力，连坚持的可能性都没有。

李翔： 你之前一直讲，有段时间，可能短视是一个正常的情况，但今天你应该已经有意识和能力去设计路径了吧？

饶晓志： 应该算有了。我现在当然有能力坐下来说，我要成为一个什么样的导演，或者 40 岁以后要过什么样的人生。

李翔：所以你设计了吗？

饶晓志：工作这个事情在设计。但是生活本身，从我读过的那些名人传记来看，他们也设计不了。不将就地活下去就已经很牛了。

李翔：你自己不断在折腾，从戏剧到电影，对你而言有什么一直非常坚持的东西吗？比如理念、原则？

饶晓志：创作上的理念肯定很多。但这个标准是在心里，没法说，比如一定不做恶搞，说起来像有点瞧不起谁似的。底线肯定是不抄袭。之前我曾经为了一个事情大发雷霆，别人报给我一个故事，结果我在抖音上看到了一模一样的。

说到创作的理念，我们身边这帮创作者还是有点共性的，这个共性就是在我们的剧本里，或者喜欢的故事里，都有一些美的东西，有"对人类的怜悯"——我之前老说这句话，它是彼得·汉德克①说的。但对我们来讲，这个人类也包含我们,（这种怜悯）不是一种高高在上的怜悯。

李翔：如果今天有一个年轻人想做导演，他需要培养哪些方面的能力呢？他需要刻意做什么事情吗？

———————————
① Peter Handke，1942 年出生于奥地利。小说家、剧作家，主要作品有《骂观众》《无欲的悲歌》等，2019 年获得诺贝尔文学奖。

饶晓志：我觉得成为一个导演其实不难，但要做好导演是难的。如果只是想成为导演，至少要有写剧本的能力，最好兼具表演的能力，实在没有，对表演的准确度（也）要有判断能力。别的可以先放一边，什么时间管理、金钱管理，因为那些是必须自己经历的。简单而言，就是剧本和表演。

李翔：我最后问一个有点严肃的问题，你考虑过你自己在跟你差不多年纪的这一代导演里的位置会是什么吗？什么样的标签？什么样的位置？

饶晓志：我不知道。影响力这种事情，我当然希望自己能有，或者希望自己最后能够成为影史留名或戏剧史留名的一个导演。但是有时候（也）并不一定那么想。特别像戏剧，今天这一代导演真正能在戏剧史上留名（的），我觉得做到现在还是只有一个孟京辉。后面的好多人也不是不行，（但）只是在那儿拱另外一个人出来，我们都好比是铺路石、路基、枕木，就是这样，整个戏剧史（就是）这样，直到出现另外一个人来打破一些东西。而且这种打破跟时代有关系，不是说你想打破（就能打破），还得处在一个巧妙的位置。

电影，像郭帆做科幻，应该能够在影史上留名的。要去做一个什么才能在影史上留名呢？现在也不能绝对（地）说（我）就一定不可以，但是我觉得不应该去强求。我不焦虑这件事情。所以我才会说我一定要先满足自己，我们玩得开心，或者说玩得从容很重要。本身我们有时候（是）在做往前的探索，（同时）因为我们也会带人，（所以）有时候也可以去做砍木和石头。这个事情上我没有特别大的执念。

但是我希望吗？我也希望，有一天我灵光乍现，来了个什么（作品），得个大奖。你得过戛纳，当然就可以在编年史上看到。但可能你想问我的位置还不光是这个，可能还包括你能留下一些什么，你对行业的影响是什么。这些东西很难讲。

李翔：或者就是一种强烈的风格，比如周星驰是有强烈风格的，杜琪峰是有的。郭帆可能也有，大家开玩笑说"土法炼钢，震惊世界"，他把自己的东西加进去了，很中国的那种。

饶晓志：对，我认为他还可以做到更多。现在他留在影史上的，可能是他（拍出了）中国科幻电影第一个成功的作品，这是很重要的一个位置，就像孟京辉开辟了先锋戏剧。

对我而言，可能最多就是某一部电影真的是震了，这是一个比较不容易的事。但没有什么好强求的。

李翔：票房、口碑，评论家都说好？

饶晓志：或者真正能为这个行业带来什么转变，你探索出来一个东西，它形成了一个什么浪潮。

别的我们最多能期待多创作一点作品，让人家记住你的作品，或者有时候从你的作品里得到点什么，或者会心一笑，这就是创作者最本能的一种开心和满足感吧。

扫描二维码　订阅《详谈》套装

可享电子书 / 直播 / 小报等多项用户专属权益

图书在版编目（CIP）数据

饶晓志 / 李翔著 . -- 北京：新星出版社，2021.6
（详谈）
ISBN 978−7−5133−4517−0

Ⅰ . ①饶… Ⅱ . ①李… Ⅲ . ①饶晓志－访问记 Ⅳ .
① K825.78

中国版本图书馆 CIP 数据核字（2021）第 091061 号

饶晓志

李翔　著

责任编辑：白华昭
策划编辑：张慧哲　师丽媛
营销编辑：吴雨靖 wuyujing@luojilab.com
封面设计：李　岩
插　　画：贺大磊
版式设计：仙境设计

出版发行：新星出版社
出 版 人：马汝军
社　　址：北京市西城区车公庄大街丙 3 号楼　100044
网　　址：www.newstarpress.com
电　　话：010-88310888
传　　真：010-65270449
法律顾问：北京市岳成律师事务所

读者服务：400-0526000　service@luojilab.com
邮购地址：北京市朝阳区华贸商务楼 20 号楼　100025

印　　刷：北京盛通印刷股份有限公司
开　　本：787mm×1092mm　1/32
印　　张：8.25
字　　数：157 千字
版　　次：2021 年 6 月第一版　2021 年 6 月第一次印刷
书　　号：ISBN 978-7-5133-4517-0
定　　价：39.00 元